大愛無痕

唐妈妈的故事

郑伟平 编

群言出版社
QUNYAN PRESS
·北京·

图书在版编目（CIP）数据

大爱无痕：唐妈妈的故事 / 郑伟平编 .— 北京：群言出版社，2014.3
ISBN 978-7-80256-562-3

Ⅰ. ①大… Ⅱ. ①郑… Ⅲ. 唐盛玫–传记 Ⅳ. ①K828.9

中国版本图书馆 CIP 数据核字（2014）第 037465 号

责任编辑：陈　佳
封面设计：胡蔓青

出版发行：群言出版社
社　　址：北京市东城区东厂胡同北巷 1 号（100006）
网　　址：www.qypublish.com
自营网店：http://qycbs.shop.kongfz.com（孔夫子旧书网）
http://www.qypublish.com（官方网店）
电子信箱：qunyancbs@126.com
总 编 室：010-65265404　65267783
编 辑 部：010-65138815　65262436　65276609
发 行 部：010-65263345　65263836
市 场 部：010-65220236　65265832（读者服务）
经　　销：全国新华书店
法律顾问：北京市君泰律师事务所

印　　刷：北京鑫瑞兴印刷有限公司
版　　次：2015 年 9 月第 1 版　2015 年 9 月第 1 次印刷
开　　本：880mm × 1230mm　1/32
印　　张：9.75
字　　数：156 千字
书　　号：ISBN 978-7-80256-562-3
定　　价：22.00 元

仅以此书献给我最亲爱的母亲，“白梅百花家园”的孩子们心中最亲爱的唐妈妈。

唐妈妈于2015年5月25日上午在香港病逝，离开了这个她深爱的世界，享年85岁。

唐盛玫女士1929年生在安徽，在上海受过教育。新中国成立前到了香港，在政府医务卫生处任职护士，直到20世纪80年代中期退休。退休后学针灸，行医多年。她于1998年在内蒙古工业大学创办奖学金，后又将奖学金推广到内蒙古和河北的三所大学，数百名学生得到奖学金的帮助。十多年来，唐盛玫女士和学生们建立了深厚的感情，得到学生们的尊重和爱戴，成为数百位学生的“唐妈妈”。

从1998年到2015年，共有超过一千名学生获得奖学金。学生毕业后分布在全国70多个城市和地区工作与学习。

前言

我妈妈唐盛玫一直生活在香港，而我则在澳洲工作定居，每年和她见面也就十天八天。我俩生活在不同地方，虽然每周都有长途电话沟通，但对她日常生活的事我所知有限。我从来没想到她要写书，而且是关于她过去的事，也从没想到自己会为她的书写文章，但世上没有想到的事太多了。

我妈妈生于1929年，在一个大家庭中长大，家谱上有300多人。她在上海受到良好的教育，从小学到初中都是在上海世界学校 (Shanghai World School) 上学。这是一个由中国著名教育家蔡元培开办的学校，计划把初中毕业学生送到日内瓦留学，因此从小学三年级开始就天天学法语、英语。初中毕业后妈妈考入南洋模范中学读高中，那个学校是上海数理化最好的中学。高中毕业后她考上了上海沪江大学医预系，也就是“医科预科”。现在这个学校已经没有了，变成了“上海理工大学”。当年抗日战争刚结束，紧接着又是国共内战，妈妈大学还有一年便可毕业，却被迫逃到台湾，辗转再到香港，从一个在天津开发铁路和矿业的大资本家的女儿变为一个在香港从零开始的最下层的新移民。

到了香港后，妈妈凭着自己的上进心和不断努力，考上了香港政府的护士，随后在医务界工作，直到 20 世纪 80 年代中期退休。期间 60 年代曾被派到英国伦敦和苏格兰进修两年，回港后创立社区护理服务，为香港草根阶层提供上门的医护服务。80 年代到 90 年代期间，我妹妹到加拿大上大学，我妈妈亦移民至加，除了照顾我妹妹外，想不到的是六十多岁的她决定学习针灸。她曾到北京“国际针灸学院”上课半年，随后在加拿大多伦多跟随多位针灸医师，开始了崭新的针灸事业。我妹妹在加拿大毕业后，妈妈便决定回港，在香港开设了一家小型针灸诊所，但几年后，因她对病人太认真、负责，长期劳累，血压不断升高，最后我们一家都劝她放弃针灸诊所的工作。

我妈妈的性格是静不下来的。1997 年香港回归后，她在香港的时间除了到教会外，又在她的夕阳时分发展了另外一番事业。

20 世纪 90 年代末，她第一次踏足内蒙古，去探望多年不见的哥哥。她哥哥在“大跃进”时被派到内蒙古参加建设，并在那里成家定居，他是个工程师。90 年代后期，内蒙古仍比较落后，我妈妈到内蒙古工业大学参观，很希望在学校创办奖学金，纪念在“大跃进”期间去世的父亲。

我外公唐景周生于 1895 年，幼小聪慧好学，时值甲午战争后，目睹国事衰危，立志实业救国。早年就读北洋大学矿冶工程系，毕业后赴美深造，是中华民国时期“民主救国，科学救国”时代最早期赴美的知识分子之一，在美国的哥伦比亚大学取得矿业工程系硕士学位。回国后办淮南铁路，淮南煤矿，在南京建中央商场，在上海办大公染织厂，有八个妻妾，我妈妈是第八妻的女儿。新中国成立后，外公在“三反”“五反”运动中，被批为“不法资本家”，尔后，健康情况每况愈下，于 1957 年辞世，享年 63 岁。死后葬于上海联谊山庄公墓，“文革”时公墓被毁，所有的资产阶级人士骨灰被一扫而光，不知去向。

我舅舅在纪念他父亲的文章中形容他的一生是“奋斗的一生，坎坷的一生，一个有抱负的高级知识分子的一生”，妈妈在提到她父亲对她的影响时，也总会引用他的教诲："永远进取，不知疲倦"。

回首妈妈生病前七十多年走过的道路，她父亲的教诲显然一直在影响着她，指引着她。

妈妈于2010年10月底中风和脑出血，当时情况危急，其后昏迷3个月才渐渐醒来，但大脑已受严重破坏，只有右手可进行简单动作，不能说话，需要人24小时护理，这对我们一家及对她关爱的学生、孩子都是一个突然和极大的打击。虽然目前她的病情已经稳定，但很明显她是没有能力写完她的书了。

我妈妈现在虽然不能说话和书写表达，但我们都知道，她的最大愿望是希望再能像过去十多年一样，每年都到内蒙古、承德和北京探望那一大群得到她办的"白梅百花奖学金"帮助的可爱和勤奋的孩子们。

1998年，我妈妈在呼和浩特的内蒙古工业大学设下奖学金，当年只有十多个学生（每个系一人）获奖，对象是成绩中上，家庭经济有困难的孩子，每人奖学金1000元人民币，这笔钱是我妈妈从过去的积蓄和退休金中拿出来的，在当年是个不小的数目。当年大学里的老师都很奇怪，一位香港的老太太跑到边远地区办奖学金，而且每年都会亲自把奖学金送到获奖学生们的手上！十多年前，个人电脑不普及，在国内电脑售价高。我妈妈听到内蒙古工业大学希望建立一个电脑室，要有40台电脑，需40多万元，因缺乏资金，迟迟没有建立，于是她又四处奔波，向香港和国外亲友做工作，一个电脑一个电脑的募捐，电脑室终于在三年后建成。

随后几年，经过妈妈不断努力，她的很多朋友、亲戚的资助，奖学金相继在内蒙古医学院、河北省承德医学院、承德护理职业学院成立，一共有四所大学，每年有100人获得奖学金。十多年过去了，获得奖学金的孩子已超过800人，有几十个早年获得奖学金的学生，现在都已工作并成家立业。我妈妈对他们的关心，就如同对自己的孩子一样，她每年都亲手买礼物，包礼物，给他们写信鼓励。每年到内蒙古或承德参加奖学金颁奖典礼期间，一定要和这些孩子见面，交换礼物。现在这一大群孩子中，已有多人博士毕业，或在做博士后研究，其中工程师、医生或做科研的多不胜数，有数人在工商界已有些成就，他们仍和我妈妈保持联系。

我妈妈病后，在昏迷时，有几位已经毕业的学生和内蒙古的老师特来港探望她，最感人的是一位优秀的内蒙古工业大学毕业的女孩，她特意从北京飞到香港，白天黑夜在病房中陪伴我妈妈，为我妈妈的病房布置了圣诞装饰，买了湿气机，带来音乐光盘。这女孩现在北京中国科学院做电脑晶片研究，对我妈妈曾在困难时的帮助感激不尽。

我相信，我妈妈当年决定设立奖学金，也想不到日后受到这么多学生和老师的敬重和爱戴，这也许是她晚年最大的收获。

虽然我们相信妈妈希望能有机会再次见到她的一大群孩子，但我们亦了解这一机会甚微。当我知道妈妈病前已在写书并读了她的文章后，便决心把她的文章整理发表。很希望在我妈妈有生之年，能替妈妈出版她的书。

我妈妈每天的习惯是读报和剪报，十多年来在报上剪下很多文章，有的是寄给学生，有的是讲稿的参考。她笔下有些文章和她的医护知识，与学生的教育有关；有的是作为一个母亲给自己孩子和大学家园的孩子写的信；有些文章是她年轻时走过的艰苦的路，也有她的浪漫史。也许是作为儿子的偏见，我觉得这些文章都有价值，大家从文章中不但可了解她年轻时在大时代的动荡中如何为生活、为事业奋斗，亦可了解她对人对己的态度，以及对一大群校园孩子的爱心和期望。

从外公目睹大清帝国的无能，国弱民穷而下决心“实业救国”，后经抗日战争，南京屠城，国共内战，“大跃进”，“三反”“五反”，“文革”而至香港回归，到今天的中国逐步开放强大，民生大幅改善，这每一个时代的变迁，都直接影响我妈妈一家人的命运和抉择，像我妈妈那一辈经历多次战争苦难和政治风暴的长者都年事已高，我们后辈也许有一种历史责任感，记录下时代的巨变如何左右他们的命运。

也许是我妈妈的爱心，也许是她年轻时走过的艰苦道路，使她决定把晚年所有的心血和寄托都放在一大群年轻人身上，希望他们都能成为在学业、事业上有所成就，有德行，对社会国家有贡献的人。

我妈妈的书有多篇稿没有写完，有些是她年轻时期的往事，这些旁人是无法代写的，因此原因，这本书的内容分两部分，第一部分是她的亲笔文章，第二部分是和奖学金有关的学生、老师和陈平先生的文章。陈平先生是妈妈小学时的同学，现居北京，是奖学金的管理者，多年极力整理和在网上发表，他在网上设立了“白梅百花家园”方便学生互相联系。本书的第二部分，就是经陈先生的整理和编排的，不但表达了学生、孩子们对妈妈的爱戴，也是陈先生对我妈妈这位老同学的尊重，我们一家人万分感激。

本书的第一部分的文章是我妈妈的香港朋友李议员帮助用中文输入电脑的，我们也向李先生致谢。

唐妈妈一书的内容虽不完整，但可以看到她走过的历程，从办社区护士服务，到针灸所，再到创办奖学金，都是一直抱着“为人服务”的心态。我个人希望这本书对学生和年轻人有一点启发和借鉴，了解到一个人的力量虽小，但若能把爱心种子散发到远方，这些种子日后会发芽、开花、结果，使更多的人感受到爱心的温暖，我相信这也是我妈妈的希望。

2008年，我妈妈在参加内蒙古工业大学的十周年奖学金颁奖典礼时，主席台上的横幅写着：“平凡的人，闪亮的心”。我妈妈是一个不求名利、脚踏实地的人，但在我眼中，她也是一个不平凡的人，她一直到晚年还是“永远进取，不知疲倦”。在退休前把自己的工作做到最好，把医护服务带给香港劳苦大众；退休后学针灸，帮助病人；办奖学金，帮助边远地区的经济困难的学生，十多年来一直把爱心的种子带到边远的地区，我为有这样一位不平凡的妈妈而骄傲。

唐妈妈二儿　郑伟平

2012年5月

序

我和唐妈妈没见过面，对老人的了解几乎都来自这本小书中她的自传和伟平的介绍。唐妈妈的自传没有写完，但从中可以看出：第一，唐妈妈具有很高的文化修养；第二，她并没有打算用文学的方法去记述自己的一生，只是想到哪儿写到哪儿，做过什么就写什么。也许看中国式的宣传太多了，我总习惯从华丽中挑毛病，从平淡中寻找真实，这本小书让我知道了世上有另一种人，在用另一种眼光看这个世界，在另一种境界中实践着自己的理想和抱负。

我出身出于一个与唐妈妈完全不同的家庭（父亲赵树理，著名作家），接受的教育和生活环境更是大相径庭。正如国歌所唱，我们的国家是在炮火中诞生的，是无数烈士的鲜血换来的，但不知是否有人思索过，这鲜血既有我们的，也有敌人的，总归都是人类的。从小就有人告诉我们“世界上没有无缘无故的爱，也没有无缘无故的恨”，直到改革开放前，我们这个年龄的人接受的教育都与阶级和阶级斗争都不无关系，阶级斗争要“天天讲，月月讲，年年讲”。我们也讲善和爱，但这个爱是有界线的，越过这个界线仁慈就变成了残忍，在这个界线之内，残忍又变成了仁慈，还是孩子的时候，心里就被种下了仇恨的种子。

唐妈妈的父亲是中国最早实践实业救国的资本家，唐妈妈本人长期在香港定居，从小接受的是所谓的资产阶级和基督教教育，毕业后终生从事救死扶伤的护士和医疗工作。他们也讲善和爱，这种爱没界线，不分贫富，不分种族，不分阶级。唐妈妈的父亲在三反五反中被批为“不法资本家”，文革后遗骸也被造反派一扫而光，而唐妈妈因为战乱始终自食其力直至退休。退休之后，她偶然到了内蒙古走进了我们这个世界，并由此开始了她新的事业，我也从她淡淡的叙述和伟平的介绍中进入到老人崇高的精神境界并对她由然起敬。

“上善若水”，因为“水利万物而不争”。受益于她赞助的孩子都亲切地叫她唐妈妈。妈妈绝不止于一种称谓，世界上的爱有很多种，但只有妈妈的爱是最神圣和无私的。很多人以为能拿出钱帮助别人，尤其是帮助成百上千的人一定都很富有，其实唐妈妈只是一个普通的工薪阶层，拿的是一个护士的退休金。她做这些善事不但要倾其所有，还要四处奔波，求亲告友，其中包括她的家人。

你可能不能理解一个人为什么要这样做，但一个妈妈因为儿子上不起大学而四处奔波，你一定会认为是理所当然的。唐妈妈就是这样一个拥有800个孩子的妈妈，我相信，假如不是因为精力和身体的原因，她的孩子还会无休止地增加下去。说起来我和唐妈妈还有一层亲戚关系（她儿媳是我大姨子），中国的亲戚关系太复杂，理来理去也不知该称呼什么，但现在我觉得和大伙一样，叫唐妈妈最好，最贴切。

我父亲是共产党员，信仰的是共产主义，可是他不希望看到人们互相仇恨和无休止的斗争，屡受批判最后被迫害致死。在他的作品里很少有血淋淋的阶级斗争场面，即使是反面人物，在批判和嘲弄之后，往往也都给以宽容和余地。唐妈妈接受的是另一种教育和信仰，父亲是“不法资本家”，虽历尽坎坷却无怨无悔，依然用她的大爱之心去回报这片养育了她的土地，国家可以变来变去，但祖国永远是祖国。

仁者爱人，尽管阶级不同，信仰不同，他们心灵的深处，闪烁的都是人性的本能和光辉。

唐妈妈是个慈善家，更是一个身体力行的教育者，播火者，但愿孩子们在接受物质帮助的同时，能把唐妈妈身上这种闪亮的人性光辉继承下去，传播开来，我想这才是唐妈妈最希望看到的。

赵二湖

山西中国作家协会委员

目录

第三辑　爱的事业，永不停歇

附　录

第一辑　没有写完的自传

一、战火逃生

1945年，中日战争结束后，国共内战随即开始。1949年国民党溃败，逃到台湾。因恐共成狂，开始了白色恐怖统治。若有人涉嫌通共，都难逃死亡、下狱之苦。要害人杀人，给他戴上间谍的帽子就可以了。刘健威所写《泪王子》中提到我们全家逃去台湾是非常仓促，完全预料不到的事。我父亲当时因为在国民党的建设委员会工作，在1947～1948年时去过台湾开会，发现台湾地大物博，山川秀美，房子多是日式，外围还有大花园，价钱不贵，就买了一幢住宅。适逢工厂中的练习生陈积芳患肺病，乃派他去台北静养和看守房子。

第二个促成我们去台湾的主要原因是我的哥哥杜哥一直在云南当空军，驾驶驱逐机（小飞机，专门打仗的）。1937年，杜哥突然被调到天津、上海、杭州。当时上海的情势愈来愈紧，日军已打到了上海的闸北、南市等地。分分秒秒准备打进法租界、英租界。就在这危险的时候，柱哥曾问我们想不想去台湾，他可以要求他的好朋友（在民航空运队中工作），每次带一个人去台湾。

这个时候，上海已经有很多大资本家把纺织的重型机器从上海搬到香港。一方面训练香港人做练习生，一方面继续和海外做生意。与此同时，有很多小厂站不住脚在割价求售。我的父亲把手上的现金一口气买了两三个小厂，如金属厂等，心里还留恋着上海的大公漂染厂，所以到了仓皇离开上海的时候，手上只带着 10 个大洋，心里盘算着，再过一年半载就可以回来。

我的四伯在苏州有农场养殖蚕桑。我的大哥唐盛镦——留学日本的西医，花花公子，家有贤妻，却喜欢跳舞和追求女护士。我的二哥唐盛琦——上海复旦大学毕业的机械工程师，当时在大公布厂工作。我的大姐唐盛琳，南京金陵女子大学毕业，当时在邮局工作。

我，唐盛玫，在上海沪江大学念生物学，四年毕业，我只读完了三年。我姐姐，唐盛璇，她曾参加青年军（当时有“十万青年十万军”之说），谁知做了一年军人，得了痨病（结核菌入了肾），后来就由重庆回到了上海，在上海某医院留医。当时特效药 streptomycin(硫酸链霉素) 刚发明不久，在上海卖 50 克黄金一瓶，共注射了 100 瓶，才把她的小命保住。由两个肾都有结核菌恢复到一个肾完全没有菌，于是动手术把那个坏的肾切除掉，直至慢慢痊愈出院。

父亲曾往台湾东部花莲视察矿务生意，以了解当地的矿类、交通运输情况，其时该处又大浪，山路又崎岖难行，着实吃了不少苦头。

父亲认识台湾大学的校长，期望我能补回大学的最后一年，但校长不允，需重新由一年级读起。而两位姐姐却找不到工作。

当时在台湾女性很难找到工作，因封建意识浓厚，大多数妇女留在家中，极少数妇女从事在巴士上售票的工作，没有社会地位。我曾在台湾的拍卖行做售货员卖新旧衣物，后在照相馆 (小卖店) 工作，主要冲晒身份证相件，及后接了一单美国农复会的大生意。

后来，父亲眼见台湾落后，心思往香港，卖了台湾温州街的大屋，将资金调往香港，全家申请离开台湾。因我曾在照相馆工作，被怀疑是共谍 (理由是我可能接触过很多国民党高级官员的相片)。当我到香港领事馆面试时，曾问我中环有哪些大厦，我们怎么懂。

及后父亲决定正式迁往香港，我们则分批坐船偷渡。当时我们坐英式轮船往香港，住二等舱，到埠后等待两小时才下船。当时的海关只在船到时，在码头上放个小桌子，查看证件后，即撤离，船上的工作人员全部可以自由上下船。我就跟着买办一起下船，买办收了偷渡费，就离开了，我则坐的士回到香港的家中，我的姐姐盛玮后来也在下一班船安全偷渡抵港。

那时正是1949年的圣诞节，香港的圣诞灯饰非常美丽，但是我们包里没有钱，只在家的附近走走，看看热闹。

父亲用卖掉台湾的房子的钱，在香港湾仔的告士打道海傍“顶”了一层千伍呎楼，隔成三房两厅，有长长的走廊，末端有厨房和厕所，当时也花费了一万多元(60年前)。

在四川的十一哥、嫂和上海的十五哥(都是四伯的儿子)纷纷来香港投靠。大家都住在那层楼里。他们来时，十一哥的长子小明已经两三岁了，自己会走路，人很聪明，口齿伶俐。十一哥的次子小胖后在香港出生。

我们当时所面临的是就业问题。因为家里穷，简直不敢再想上大学的事，最要紧的是找一份工作。我们认识的亲戚朋友很少，庆幸父亲找到了一个表妹，我们叫表姑。表姑是耶稣徒，表姑丈在教会里工作，是否是牧师，或是更高职位，我已不能记忆。表姑丈写了一封介绍信，介绍我和玮姐去医务署（当时叫 MEDICAL DEPARTMENT）考护士。那里的试卷是英文，记得要写一封类似自传的文章，然后再经过面试，当天就知道结果。最后我获录用了，因为我的英文根底比较好。玮姐只念了三年英文，面试时可能有些胆怯，结果没考上。

医务署很快来信安排我三个月后 (4 月 1 日) 到玛丽医院报到和受训。我当时很看不起护士，所以又梦想做秘书，看到报上有招聘广告，就去应征，又考上了，在一家好时洋行做打字员，薪水比当护士高，并且可以学习到很多业务的常识，因为好时洋行和内地很多商埠都有货运往来的。

但好景不长，做了三个月就被人家炒鱿鱼了。为什么？最大的原因是太平洋战争爆发，日军南下南洋，许多贸易都停止了。其次是因为我太老实，不会吹、拍、捧，只会默默地工作。我所接触到的两个老板，一胖一瘦。瘦老板色迷迷的，走近他就要揩油，我是最讨厌这种行为的，常常敬而远之；只有胖老板对下属好，肯教我们。

幸亏我替自己留下了一条后路，本来4月1日要去玛丽医院报到，我要求改为7月1日，所以7月1日以后我就成了见习护士。

▲ 七岁时全家合影

▲ 十岁时和爸妈在上海

◀ 初中毕业照。后排左一是唐盛玫，左三是陈平先生

二、新的开始

我在 1949 年 7 月 1 日进入香港的护士学校（Preliminary Nursing School 简称 PTS）。在那个年代，香港所有的护士是一进学校便要到病房工作，只有每星期在上班的时间中抽两三个小时离开病房，去护士课堂学一些最基本的护理理论知识。但是其结果不是很理想，很多方面没有法子配合到医疗的需求。

有及于此，所以从 1949 年 4 月 1 日开始，每个小护士在进病房工作前，先要上 10 个星期的训练班。每天上午 9 时开始，除了午饭时间外，不停地学习，直到下午 5 时。我们的学习内容包括卫生学和基本护理学，像如何查体温、量血压、换药、打针，不同的沐浴方法，如何换床单和如何洗刷双手、处理污脏的床单等。只有星期六不用上课，但却要进行一个小测验（QUIZ）。“QUIZ”的内容包括笔试和实习。最后把九个星期的“QUIZ”评分加在一起，用来评核这个小护士有没有认真和勤奋地学习，有没有爱人如己的心及和蔼的态度。最后，合格的护士留下，不合格的就要被退学。

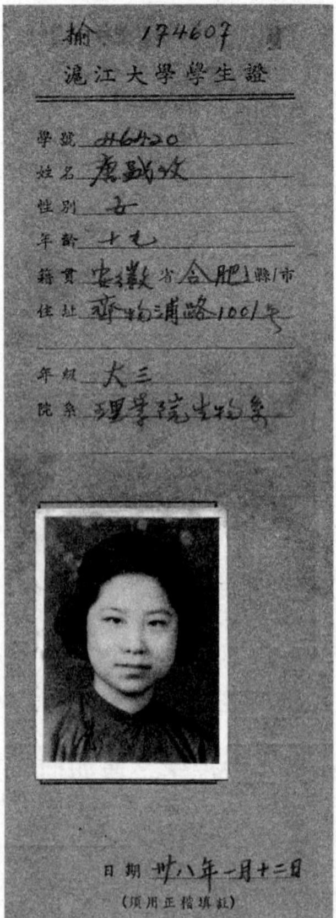

▲ 沪江大学学生证

说老实话，我一向不太认真念书。高中一年级在震旦女校住读时，在严格的天主教管理下可以说实在太闷了，完全提不起学习的兴趣。高中二年级转到南洋模范中学时就自由了许多，两年里积极地筹备考大学。后来，幸运地考进了基督教办的沪江大学生物系。沪江大学是四年制，念完了生物系的三年级，本有可能通过考试转去别的大学的医学院念医科。大学里的气氛使我整个心情轻松了不少。我们早上上课，下午去不同的实验室做实验（生物实验、物理实验和化学实验），更忙于听音乐，参加歌咏班，学跳交际舞。沪江大学位于扬子江口，崇明岛的对面，课余时间可以在江边欣赏日出日落，学划船等。生活丰富，五彩缤纷，到考试的时候随随便便地温书，勉勉强强地考个六七十分就算了。当时父母都忙于厂务，不太管我。

可是，这次护士的PTS考试大不相同，是关系我生死存亡的一个大关。试想一想，当时父母都已回上海，除了玮姐（她在东华东院学护士），我在香港可以说是举目无亲，想找别的工作也很难，香港的商业受了禁运的影响非常萧条。

▲ 50年代在护士学校

▲ 与要好的护士学校同学合影，当时被称作“三剑侠”

我乃痛下决心，一定要好好温书，顺利地通过每一个“QUIZ”，争取在护士界立足，也让护士学校的校长、副校长们有个好印象。经过深思熟虑，我想到了一个办法，每周星期六清晨五时起床，躲在浴室里（宿舍里有五间专供洗浴的小房），把所有的学习资料背得滚瓜烂熟。“皇天不负有心人”，我终于以很高的分数通过了所有考核。

◀ 与婆婆在护士毕业典礼上合影

三、恋爱婚姻

（一）我的初恋

我和一位英国大夫在一个 party 中认识，对他有很深的印象，觉得他和蔼，他也称赞我长得漂亮。他很会讨人欢喜。当他知道我的英文名字叫 Marina，就对我说，“如果我下一次碰见你，却忘了你的名字的话，你就罚我吧！”

过了几天，我在病房里上班时，向他说“Good Morning! Dr. Peter Smith!”他却真的忘了我的名字，并且显得有点不好意思。后来，他趁病房里比较空闲的时候走过来向我道歉。我就说：“请不要放在心上，可能我现在穿上制服和穿便装时不大相同吧！”他回答：“真的有点不同，不过一样那么可爱！”听到他这样称赞我，我的脸涨得红红的，他也就走开了。

接着，我收到他的邀请信，邀请我去一个在香港大学举行的party，我大方地答应了。那晚，我认识了好几个Peter的朋友：大P、三尾和其他几位医生，但对他们没有什么特别的印象。Peter告诉了我很多关于他过去的事。他曾在内地上过两年学，并跟随香港大学医院的Professor King等去过重庆、昆明、开封和上海等地。

有一天，他开车来接我，我们去了浅水湾。在车上，他唱了好几首中国的民歌，刚巧我也爱唱歌，于是一起唱，使我对他更倾心。因为自从离开上海后，我一直找不到一个这样熟悉中国，又这么热爱中国的人。在医院里，我们所接触到的洋人高级护士多多少少对中国人有点歧视，阶级观念很重，但Dr. Peter Smith却对中国人很尊重，对每一个病人，不论穷的、富的，都很友善，全不歧视。

又有一天，Peter请我去看电影，看完电影我们又上山顶去看星星，看香港和九龙的夜景。Peter告诉我，他一直在英国长大，七年前，他在英国参加了一个组织，一个同情中国抗日战争，而到中国服务的义工组织，全名为C. Anywhere & D. Anything（哪里都去，什么都做），简称GADA。七年里他做过汽车驾驶员，帮助运输各种物资，也做过修桥补路的土木工程师，最后念了医科。他说他不太喜欢香港，觉得香港人太庸俗，每天想的就是钱，我也有同感。他希望将来毕业后，能到一个边远的地区，自己创办一家小医院。

Peter 一直向我提起大屿山之美，夸说大屿山对他来说简直是“天堂”。大屿山离香港岛约一个钟头的航程。要坐渡海轮前往，岛上很少人住，因为山太高，平地太少。那天是星期天，我们一早坐了渡海轮，在中午到达梅窝。Peter 立刻拉着我爬上高山，那里真是有点像世外桃源，风景如画，有山有海，有花有鸟，在一片黄黄的菜花田中，几个客家女孩在务农，一切的一切，都显得轻松自然。我们在宝莲寺中吃过中午饭，就从另一条路下山去东涌，可惜那条山路太崎岖，野草长得比人高。

当我们抵达东涌码头，预备去坐渡轮的时候，最后一班渡轮却刚刚开走五分钟。这时 Peter 觉得无事可做，决定去东涌的码头附近游泳。我太累了，决定坐在码头上休息。突然太阳匆匆地下了山，天全黑了，没有星星，也没有月光，我们只有一个小小的电筒，很多次我们几乎迷路，也有很多次我们差一点点就滑下了山坡。这时 Peter 突然拥抱着我，他吻了我，并且轻轻地说：“我爱你，我是真的爱你。在过去的五年中，我一直在找一个像你这样的女孩子，现在总算找到了！”山中升起了白茫茫的雾，我们就在云里雾里赶路，有时停下来，匆匆接个吻。

“你是洋人，而我是中国人。”“这的确是个问题，但是没有不可以解决的问题，并且一直以来，不知有多少中外联姻的例子。”“你要知道我的根在中国，有一天我在护校毕了业，就会回去，留在那里。”“到时候我也可以去找工作。”

我们在山中走走停停，终于在三个半小时后回到宝莲寺，当时已经半夜了，幸亏宝莲寺有地方可以借宿，男女宾客分开。为了赶上班，次日清晨四时我们就起床，由宝莲寺到大澳去坐渡轮回香港。到了大澳，翘首回望，云里雾里，又是白茫茫的一片。我简直不敢相信这个周末所发生的事，一切太像梦境了。

过了两个星期后，他打电话来约我出去，我觉得很累很累，简直希望可以一睡不醒。经过他的恳求，我终于答应他第二天上午在巴士站见面。我们见面后，他拼命向我道歉，说他不应该像个被宠坏了的孩子般坚持要我出来。他见我不停地抓脸和脖子，就不许我抓，其实我当时正在出风疹而不自知。工作太忙太累，医院的伙食又不好，我们常常吃不饱。

我说："真是很痒很痒，除非你绑住我的手，否则我简直痒到非抓不可。""你这傻孩子！再抓下去，皮肤破了，你就很容易得 Septicaemia 了(注：败血症)。告诉你个好消息，我现在正在学中国字，暂时不给你看，但有一天，我会用汉字给你写封信。"

每个人的苦难，都是来自自己，来自以为眼前的人都是圣人，没有私心。然而人是有私心的，满足自己，保护自己，有时候不得不牺牲别人。每个人的苦难，都源自一种妄念，以为人没有私欲，以为人不会变。有期待，才会被伤害。什么都不属于自己，就不会失去。

我和汉光结婚的消息 Dr. Smith 听到以后，非常不高兴，但我完全不知情，他那时已和小乔打得火热。有一天晚上，我当夜班，有一个他的病人在半夜三更快要死了，我打电话向他报告。打了好几次他都没有来。可能他白天太辛苦了，刚睡着不久，却又被我叫醒，老大不高兴。他到了以后就在病房里对我大发脾气，态度非常坏。我被他骂得满眼含泪，却倔强地不让眼泪流下来。这时病人已断气，他明明是借题发挥，我也不愿和他争论，否则病人都被吵醒，明天更成为大新闻。

从这一件事，Dr. Smith 的狐狸尾巴露了出来。我觉得他对我的辱骂对我很不公平，我明明打过好几次电话通知你，你不来，到你来了，病人已咽下了最后一口气，这责任不应由我负。现在，几十年后想起来，这是我的福分。小乔当时被爱情蒙蔽了眼睛跟他去了英国，做了我的替身，结果遇上许多痛苦的遭遇。

他借题发挥，在清晨四时大骂我一顿。这时我才看到他的真面目。对于过去两个人的那一段海誓山盟，那一段痴情完全逝去，再也不感到惋惜。I've made a right choice! 我庆幸自己的选择是明智的。

1956 年 7 月 1 日我婚后怀孕调往九龙医院，从此没有再和 Dr. Smith 碰过面。不久，他和小乔也回了英国。

▲ 50 年代在香港海滩

我衷心地在心里祝福小乔。我深信以她在香港英文书院毕业的英文水平，加上熟悉英美上流社会一切社交礼仪，她和 Peter 回英国后，一定会非常幸福，非常快乐！这是缘分！我毫不妒忌，只暗暗地衷心为他们俩祝福。

到了现在，在我纪念结婚55周年时，却听到了一些关于小乔的故事，替小乔和Peter的故事加上了一个令人伤心的结尾。

原来Peter和小乔到了英国后，他们进了伦敦最有名的医院。Peter进入内科，以他在中国和香港的临床经验，没有几年，就升任为内科主任。而小乔也在同一家医院手术室做护士，以她的丰富经验和管理才干，没有几年，她也升任为手术室主管。他们过了很甜蜜的五六年。小乔出得厅堂，入得厨房，他们很快成为医院里最受人羡慕的一对。

当一个男人事业有成，名利双收时，便很容易骄傲，尤其是做医生，更容易把自己当成“再生华佗”。所以当Dr. Smith发现有一位年轻貌美的金发女医生对他崇拜得五体投地时，他的心动了。金发女医生是土生土长的英国女孩，两人相处时有相同的情趣，更何况金发女医生出身于英国名门，很快地两人就打得火热，发展起地下情。金发女医生说只要Dr. Smith真心地爱她，别的什么都不计较。但Dr. Smith觉得要这位金发女医生做“地下情人”

太不公平。她既有美貌，又有智慧。在业务方面，也越来越有成绩，有信心。若有个女医生做拍档，不出几年，肯定可以赚更多的钱，有更高的社会地位。在他的眼中，当时已28岁的小乔也就愈来愈讨人厌了。她的皮肤太黑，言谈举止不够英国女医生那么豪放。大家“合则来，不合则去”。于是他把他和金发女医生的恋情公开，并要求小乔立刻和自己离婚。

当时小乔才28岁，结婚才六年，她万万想不到Dr. Smith对自己的爱这么快就消失了。当年两人在香港的海誓山盟都到哪里去了？当时的英国仍比较重视传统和尊重婚姻的神圣，所以如果正室不肯离婚，她永远是Mrs. Smith。一般社会的舆论都不同情那位地下夫人，看不起她，以致地下夫人只能偷偷摸摸地生活，被所有的人看不起。

Dr. Smith想不到一向很听话，很受他控制的小乔，突然态度强硬起来，怎么样也不肯离婚。盛怒之下，他对小乔大声喝骂，并威胁她：“你若不乖乖地和我离婚，我会打你！”小乔偏不肯离婚，认为以自己的经济条件，大可以养活自己，我偏不离婚，看你能拿我怎样！Dr. Smith也显出他狰狞的真面目，真的动手打她，打得小乔眼圈黑得像熊猫。小乔也想过，不如回到香港避一避，但怎样面对把自己当作心肝宝贝的双亲，还有朋友和同事？

远托异国，昔人所悲，望风怀想，能不依依！可怜她在英国本就没有几个朋友，连可以商量的朋友亦不多，她觉得那金发女医生有什么了不起？她只不过是个医生。小乔决定自己也去学医，应该不会太难。她想："我可以白天在手术室工作，下了班后，立刻去夜校读医科。我要争口气，做个好医生！"

不幸的是，她仓促间做出的决定又是一个错误。她没有考虑当时自己的年龄和精神状况。28 岁的小乔和 18 岁的小乔的学习能力和记忆能力都相差得太远了。每次，在手术室里"打真军"工作了一整天后，吃完晚饭，匆匆赶到夜校里，她已昏昏欲睡，什么也念不进去，怎么办？

这时候，如果有人在经济方面支持她，或不时给她打打气，她可能不会那么沮丧。她恨自己有眼无珠，太相信 Dr. Smith。她也恨自己没有办法静下心来念医科的各种基础课程。她愈想愈气愤，情绪也愈来愈低落。最后得了抑郁症，被送进了精神病院。

几十年前的精神病院盛行"电击疗法"——将病人的脑部夹上电极，然后用强烈的电流刺激病人的脑部几分钟，使他暂时忘记以前的一切不幸遭遇。小乔经过四次这样的“电击疗法”后，已渐渐忘记了不幸的婚姻带给她的一切。

精神病院里有好几位医生和护士都非常同情小乔的遭遇。他们非常关心她，工作之余时常带她到乡间去散心，去接近大自然。其中有个 Dr. Benny 比小乔小十多岁，是个乐观可爱的基督徒，医院里的人都叫他“Sunny Boy”，因为他充满了爱心，好像初升的太阳，和他在一起，令人感到温暖和说不出的振奋。他爱上了小乔，一直无微不至地照顾她。三年后，他们结了婚，使她真正得到了新生。自从小乔生下一个可爱的混血儿后，她就留在家里，一心一意地照顾孩子了。

日子过得飞快！小乔已经做了快乐的祖母了！小乔和 Benny 没有太多的积蓄，但精神生活过得很丰富，知足常乐！

小乔和 Dr.Benny 结合的事是个迟来的喜讯，使我们这些老同事也松了一口气，替他们开心。心里默念“this is a happy ending”。小乔有了一个快乐的结局。

我为什么要写这篇文章？有个女孩问我：“我想一辈子不结婚，你认为如何？”

我基本上反对独身主义。我赞成男婚女嫁，两人在一起，可以互相照顾，总比一个人孤冷凄清的好。北方的民谣唱道“点灯说话，关灯暖脚丫儿”。

但万一碰上个 Dr. Smith，始乱终弃怎么办？

现代的女性当自强，必须有独立的经济能力和社会地位，随时准备挑起一家大小的重担。我的建议是未雨绸缪多作思考：

1. 要冷静和多观察。拍拖的时间要长，才能够辨明什么是真情和假爱。

2. 他对待父母孝顺吗？

3. 对兄弟姐妹如何？

4. 他们的生活和教育有没有负担？

5. 对待朋友和蔼吗？

6. 有没有真心帮助别人？

7. 他的人际关系如何？是否处处尖酸刻薄？

8. 对工作负责吗？

9. 有没有精益求精？

10. 他对自己有信心吗？

11. 他的脾气火爆吗？有自卑感的人，往往为了一些小事吵得脸红脖子粗。追求你的时候把一切都隐藏起来，过了蜜月期，就一切暴露了出来。

12. 他有没有不良嗜好，如喝酒、抽烟、赌博，或者什么都想试，如K仔、大麻、咳药水？

13. 是否整天梦想要成为大富翁？

不要信任甜言蜜语。

不要为了恋爱而恋爱。糊里糊涂地上了当，以后抱憾终身。

恋爱中的男女，要睁大双眼，好好看清楚对方。

（二）共偕白首

我和William（汉光）的结婚是完全秘密的。只是在两家人的亲友见证下行礼。

我方：王启宇（王姨姨的丈夫），王姨姨（母亲的干女儿），三嫂（王姨姨的第三媳妇）。

汉光方面：家婆，小姑，三、四、五、七、十一舅父母，舅父母的儿女。

地点定在香港弥敦道新新酒店，下午茶时间，切结婚蛋糕，并签结婚证书。结婚的日子是1955年11月23日。

结婚以后，我们去广州度蜜月，渡过五条河方到广

▶ 1955 年 11 月 23 日
婚礼

州。当时父亲留在上海，母亲坐火车南下和我们相聚，住在华侨饭店。当时户籍制度非常严密，母亲忘了带户口簿，几乎不许入餐厅吃饭（有钱都不卖给你），后来发急电给上海，把户口簿寄往广州。

回到香港后，我就搬离了玛丽医院宿舍，和汉光在青山道租了一间房住，但仍继续在玛丽医院工作。之后我申请调往九龙医院手术室工作，因为那里离家近一些，但直到 1956 年 7 月 1 日才批准。

我们的婚姻虽然对同学们保密，但一些汉光的好友先后都知道了。

（三）终身伴侣

我的丈夫名郑汉光。母亲(实际上是养母)为广东番禺县人，一直在香港长大。母亲为长女，其下有五个弟弟，她被尊称为大姑奶、大姑婆。父亲为广东省潮阳县人，一直在船上做买办，相当有钱。母亲为外室，自己没有生养。

某年，母亲跟随父亲去潮汕小住，汉光的生父(农夫或渔夫)抱着汉光沿街兜售，片刻之间，就把汉光卖给了郑家，那时汉光大约有两三岁。

汉光8岁时，在香港已会自己渡海，由深水埗往上环三角码头，再住二叔公家。养父在汉光10岁时病逝，幸亏有在香港定居的二叔公郑海航给他提供教育费。二叔公很爱惜汉光，他常说："你们不要小看光仔，他的脚板上有一粒痣，哼！脚下一粒星，能带天下兵。"

太平洋战争时，日本人占领了香港，为生活所迫，汉光去了旺角船厂学驾驶小型推拉机（Dumper)，后来又到日本兵房做服务员。他在日本兵房时要做不同的工作，如服侍日本兵用膳，中间还要去派饭给荐留房的囚犯。有些囚犯被灌过水，或是被上过刑，都昏迷不醒了。他就把犯人的饭加些水加些盐泡软了，待囚犯醒了，慢慢地喂给他们吃，这样也救了好几个人，其中一个叫坤哥的，非常感恩，被放出来后就一直和他来往。

1945 年日本人战败投降后，因为有一个亲戚在船上做买办汉光去了轮船上做厨师。汉光并不会烹饪，就在厨房里学习。他去过日本与台湾，回来以后，又到处找工作。幸亏有个高班同学德哥在九龙的南针电筒厂做品质检验员，由于德哥找到一份高职转去他厂，就介绍汉光去做替工。

汉光在太平洋战争爆发前曾念过两年半的英文。直到 1947 年入了南针电筒厂工作，生活才稍为安定。他在晚上和朋友一齐去尖沙咀德兴街报读私家补习班补习英文，是圣玛丽英文书院的神父教的。1948 年和 1949 年他刚勉强把这些年荒废了的英文补上时，在日本兵房认识的坤哥就找他好几次。坤哥夫妇俩在九龙医院工作，坤嫂做病房职工，坤哥在药房做杂工，他们知道九龙医院当时正在招聘男护士，所以就鼓励汉光去应征。

◀ 唐盛玫与丈夫郑汉光

▶ 唐盛玫与丈夫、婆婆在玛丽医院外合影

◀ 与大儿子新文

▶ 60年代与新文、伟平摄于香港

四、护士生涯

（一）麻风病人

在西贡乡间的田边，有一座即将垮塌的亭子，里面住了一个患麻风病的男子。他既穷并患有多种病，而贫穷使他没有多余的衣服替换，仅有一件很多破洞的衣服包裹着身体。

最初他住在这破烂亭子里一直没有人理会，但数月后，亭子附近建起了一座既美丽又豪华的大屋，里面住进一位大地主。大地主认为这个麻风病人住在他的大屋附近有碍观瞻，便向理民府的官员投诉这个麻风病人，说他的麻风病会传染给其他乡民，欲以官府力量把这个麻风病人赶走。

于是该名官员便去找新界总医官（他是一名外国人），

因我当时是新界卫生局的卫生访问员 (Health Vistor) 于是新界总医官便请我去探访他。当我前往探访时，发觉他原来是个瞎子，脸上还长有一大块红色的肿块；因被麻风菌所侵蚀，手指头只剩下两个；脚又有伤，不能走路。他只依靠邻居施舍的食物为生，样子十分可怜。及后我便安排救护车送他到石硖尾健康院，若医生证实他患有麻风病，便可送他到喜灵洲接受治疗。

当救护车到达时，我便请救护员用担架抬他，但救护员不愿意，他们要那个麻风病人自己步行上车。那个病人脚有伤患，走起路来很是辛苦，我再次尝试请求救护员们帮助他，但他们还是不愿意（按当时的惯例，如要救护员们用担架抬着这个麻风病人在田间走一段路，就需要封一封红包给他们。我当时不是没有钱，但我也是政府人员，我不愿意因这事而贿赂他们）。

最后我便只好自己扶着这个麻风病人缓慢谨慎地、举步维艰地，在那短短的一段高低不平的禾田小路上逐步而行。我们耗费了数小时后才抵达救护车停泊的地方，在这数小时的艰辛历程上，使我对这位麻风病人的苦况感同身受。

后经诊断证实他确实患了麻风病，并由原车送他到

醫務衛生處，負責醫務和公共衛生工作，保障市民健康。

衛生工作，可分做兩大類：

（一）預防疾病 第一是防止疫症傳入本港。入境人士，須經檢疫，必要時還要呈驗有效的預防注射證明書；從疫埠開來的輪船、火車、飛機，亦均加以檢查。其次是預防本港時疫流行。例如分發預防瘟疫藥品給鄉民服食，按時為市民作各種預防注射、施種牛痘等。

（二）促進保健 婦嬰衛生方面，以促進產婦產期前後的健康，和幼童入學前的保健為主。學童保健方面：

▲ 被印在教科书上的照片

码头坐船往喜灵洲的麻风院。过了一个多月，我往喜灵洲探望他。再看见他时，他已焕然一新，脸上很干净，身上穿着白色的病人制服，睡在铺着白色床单的挂着蚊帐的床上。我问他：“住在这里好不好？”他听到是我的声音后就告诉我：“姑娘，我很安乐，我的伤口也好了很多。”再过了约半年，医院来信通知我他过世了，逝世时很安详。

关于麻风病：

1. 如果你的家人有麻风病？

香港有一位木匠，娶了老婆，生了两个孩子。由于香港当时不景气，一家四口无以为生，乃漂洋过海，到南洋去做红木家具师父，辛辛苦苦养活一家人，到他退休回港时，老伴已经去世，儿子也已经结婚，并且有了两个可爱的孙子。而老木匠却因在南洋工作时，手上的小伤口感染了麻风病，这时发作了出来，容颜非常恐怖。

如果你是老人的媳妇，你能完全不理会他老人家吗？老人辛苦了一辈子，才把你的丈夫养大并使他接受教育，连房子也是老人家出了大部分钱买的。因经济关系，大家只能住在一起，你怕不怕家翁会传染给自己及孩子呢？惶恐之余，媳妇只好把门窗开得大大的，希望避免传染。香港的冬天有时也很寒冷，老人家睡上铺，只好躲在床上，盖着厚被，任冷风吹拂。

2. 麻风病是不是传染病？

是，麻风病是慢性传染病，由麻风杆菌引起，主要是因皮肤长期接触到病者的皮肤而传染，如父母和子女常睡在一起而互相传染。

3.“麻风传三代”是真的吗？

不是真的，麻风病并不会由父母遗传给孩子，如果孩子一出生，就和患麻风病的父母分开，就不会传染到麻风病了。

但有时也会因手部或足部有伤口不处理，使麻风杆菌在潮湿肮脏的环境下进入人体而受感染。

全世界大概有1000万麻风病人，主要分布于亚洲、非洲及拉丁美洲。我国则流行于广东、广西、四川、云南等省、自治区。近年来由于积极防治，麻风病已获得有效的控制，发病率亦显著下降。

（二）阅报回想轶事一则

今晨阅读Am730报章，看到一则题为《Facebook令英梅毒病例激增》的文章，谓社交网站Facebook令交友变得更容易，同时令英国的梅毒病例增加4倍，感染人数上升25%。

这使我回想起数十年前的一件事。当时我任职于医务卫生署香港特别皮肤科内的一个专职处理麻风、性病的外展部门，其中的一项职责是若发现有男性病人患有性病，便要实时通知其妻子及所有与他有性接触的人到医院验血，反之亦然，以阻止性病在香港社会的蔓延。

有一个案例：有一个在街上流连的女子（Street Woman），手上经常拿着一瓶类似酒精的液体，人们认为是镪水，所以不敢接近她。由于当时是我的职责所在，需要日日去找她，这使她非常厌烦。那时香港廉政公署还未成立，而我的工作地点就在当时油麻地警署对面的油麻地健康院六楼。有一天我在办公室突然接到一个电话，电话中一个男子向我问道：你知道我是谁吗？并自称是在我工作地点对面的油麻地警署的高级督察，并警告我不要再日日找那位在一楼一凤工作的女子，不要再逼迫她，放她一条生路（若她是病毒携带者，他会扣查她）。他一直用威胁的语气与我交谈，最后我亦还以颜色说：无论如何，因职责所在，为了社会大众的健康安全，我再辛苦、再艰难，就算上天入地，也要找她，并强烈表示我不会因他的威胁而终止我的工作。他愤然挂上了电话。那个在街上流连的女子比一楼一凤中的女子更低数级，因为一楼一凤尚有楼栖身，有阿婶服侍，而她们却居无定所，故卫生状况毫无保障。

之后终于寻获该名女子，并说服她验血，并知悉她并没有感染性病，可算是不幸中之大幸。因为性病有很多种，轻微者如“白浊”，打针吃药可以治愈；严重者如梅毒，它可使病毒蔓延至脊髓，甚至脑部，导致人不能行动，神志不清，产生幻觉。

2010年3月25日

（三）可怕的寄生虫

几十年前我已听过这种减肥药，但不相信是真的。现在竟真有在网上拍卖出售。由于这段新闻，令我联想起我从前写过的患蛔虫、HKSB、大班蛔虫致死的几个短篇小故事，都是跟寄生虫有关的。

在护校，老师曾告诉我们，有个人眼肿三年，终于忍无可忍，到医院诊治，医生从他的眼部拉出一条长达33厘米的绦虫。

在40年前，元朗是一个很少人居住的地方。那里有一个屠夫，他的屠场就设在屋外的一个小小的围栏里，他没有注册领牌照，当然是属于“私屠”了！最遗憾是一直没有被卫生帮办巡视发现。后来他的一个邻居有一个五岁的小孩子，头上、腹部长出许多小瘤，不痛不痒，这究竟是什么症状呢？经元朗政府诊所的医生诊治后，征求家长的同意，剖开小瘤仔细观察：天啊！原来每个小瘤里都藏有一条怪异的寄生虫。很有可能是邻居家中的狗，每天去隔壁屠夫的门口，吃那些死猪的内脏，回家又舐小主人的脸，于是就中招了！

第二个真实的故事也是和寄生虫有关。60 年前，在上海的一所住宿学校中，有一个学生在大便的时候突然惊叫起来，原来有半条蛔虫差不多一尺长，从他的肛门爬了出来，还有一半藏在腹中，要劳教师替他慢慢拉出来。你说，这是不是很可怕？

话说在日军占领香港时期，所有外籍人士都被送入集中营，其中有个印度男孩名叫鸭都拿(后来长大做了医生)，这故事就是他说出来的：有一位当年汇丰银行的高级职员(一般人称为“大班”)，在日军的监视下，他每天都要耕田，日晒雨淋，疲累不堪，但没有饱饭吃，他忍不住就偷偷地在田里挖番薯(即甜薯)吃。后来日军投降，他离开集中营，可惜始终摆脱不了痛苦的煎熬，原来他浑身都长满了蛔虫，脑里、肺里……五脏六腑都有，连医生都束手无策，最终被折磨而死亡！

寄生虫是无处不在的，但只要我们记得“吃饭之前要洗手”，“蔬菜不能生吃，要煮熟了才可以吃”，“水果也要洗干净，尤其是草莓、葡萄和桑葚等，最好用专洗水果的洗洁精浸泡过”，生寄生虫的机会就少得多了。

◀ 与新文、伟平在香港海滩

▲ 全家与婆婆、小姑合影

▲ 1960 年代与妈妈摄于香港

◀ 1970 年代在香港

▲ 1980 年代在香港和新文、伟平滑旱冰

五、针灸与中医

（一）对针灸着迷

我是在香港玛丽医院和九龙医院训练出来的护士。服务了34年后，在1984年夏天退休。那时人们正谈论着1997年香港回归的问题，不知香港将来会如何。申请移民的人尚不多，而我就在这个时候申请移民加拿大，申请很快被批准了。

在退休前，我看到一些报道介绍到针灸的神奇：有个病人一面吃着西瓜，一面接受针刺麻醉，同时，医生替他开刀割去颈上的甲状腺。这太不可思议了。在半信半疑之间，我决定退休后先去内地学针灸，然后才移民。这时，我非常幸运地遇到一位从北京来香港工作的大夫。他答应替我介绍北京中医学院针灸研究所的郑良月教授，于是我很快报了名，交了学费，很顺利地在 1985 年夏秋之交到北京中医学院的国际针灸班学习。学习期间，我住在和平里，每天坐公共汽车上学，我们的国际针灸班有二十多个医生和护士，其中只有六人是来自世界各地的华侨，其余的全是外国人，讲课时老师用中文讲解，再分组翻译成英文、法文、德文等等。我非常珍惜这次学习机会，学习也很用功。

到了加拿大多伦多后，我就用退休金分期买了一幢小屋，有三层，我把地窖那一层装修成一个小诊所。过了一段时间，我在多伦多的中文报纸上看到有一位上海来的专家奚永江教授挂牌行医。我喜出望外，立刻写信要求跟他

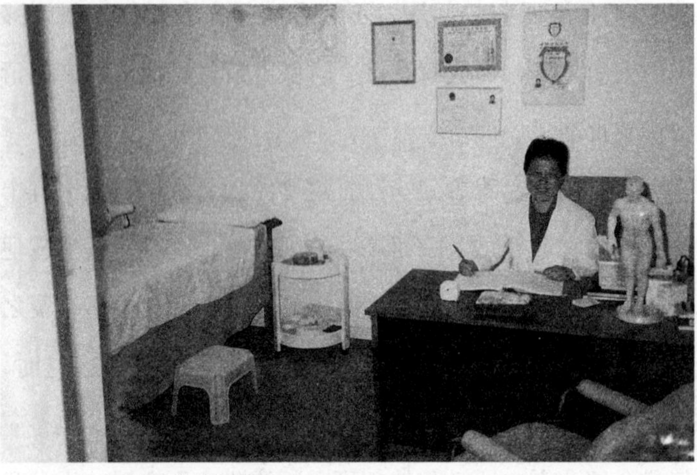

▲ 1988 年在多仑多的针灸诊所

学习。当时国内共有三个大的中医学院，分别在北京、上海和广州，都是属于同一系统，医生都可以调来调去，所以奚教授就答应了。

当时奚教授住在唐人街，我住在士嘉宝，距离很远，要换乘两次公共汽车一次电车才能到他家，我每个星期去两次，欢欢喜喜地去，到傍晚又满载而归。脑子里装满了许多有用的知识；心里也装满了他们对我的关怀。奚师母烹调的上海菜简直是一流。有了奚教授做后盾，我就一面跟他学习，一面静静地在多伦多士嘉宝自己的诊所替人医病。

就这样，做了五年多，我的女儿已经大学毕业，并回到香港工作。我也就把小屋卖掉，返回香港。在偶然的机会中，在香港湾仔找到了一层小楼，我就继续开诊所做针灸大夫。

我从来不打广告，只靠口碑，收费几乎低过成本。我过去做护士，尤其是公共卫生护士和社康护士（国内的家庭病房）所得到的经验对我帮助很大。使我更希望在治疗的同时了解病人的家庭情况、经济状况和心理状况等等。我的病人不多，所以对他们的了解也相当深入。

就这样，前后加在一起，我一共做过十年针灸大夫。我非常享受那十年的时光。因为我觉得自己更能够真正地帮助人。在医疗的过程中，要阅读很多古人的案例，对病人要望、闻、问、切，细心观察；在决定了一个治疗方案并开始治疗后，还要随时因病人的反应，随机应变，加减穴位，并且还不能忘记教导病人用健康的生活方式配合治疗。

然而，不幸的是，正在我忙得不亦乐乎的时候，可能是因为心情太紧张，血压变得相当高。西医要我每天服用阿司匹林，这却导致我的眼睛出血，整个视力受到严重的影响，有差不多半年，几乎半盲。当时，我需要做一个决定：是继续替人针灸治病，随时可能会中风；还是为了保全自己的视力，放弃做针灸大夫。To be or not to be? 最后，我还是忍痛选择了后者。

在这其中，不得不说到针灸美容。在 1986 年时，针灸美容在中国和香港都尚未被太多提及，却在美国开始普及，因为很多人做了针灸后，发现了各种令人惊喜的其他效果。如皱纹少了，青春痘绝迹了，人看着比从前瘦削美丽了，体重也减轻了。另外，它居然还可以帮助戒烟甚至戒毒。渐渐地，针灸美容发展成一种专业，而在今天，几乎没有哪个女士不知道针灸美容。

经过我不断的要求，在 1988—1989 年间，奚老师把针灸美容的原理、实践等等详细地传授给了我。所以经过五六年的医学实践后，我总结了一些经验，编了一个很简短的教材。记得我曾用这个教材教过两个班的学生，他们多数是护士。就在我筹备教第三个班的时候，我的眼睛突然出了问题，因此，就被迫停止了。

所以，在奚老师和爱子合写一本专著时，我也把这份教材和我写的几篇小品文拿出来献丑，以表达我对针灸事业的尊敬和热爱。

2008 年 11 月 25 日

（二）针灸胜开刀

有一个家庭主妇，移民到了加拿大安省伦敦。她在一个罐头食品厂工作，每天天不亮就出发去上班。她的工作主要是制罐头的水果。因为赶上班，她在家里来不及吃早餐，就空着肚子去工厂里吃水果。下了班又不好好地吃饭，胡乱吃些东西，赶着去打麻将，或做一些家务。久而久之，她就病了，每天头晕眼花，去大学医院看病，医生替她照了 x 光，怀疑她脑子里长了瘤子，要开刀，她也没有反对。

她住进医院准备手术，护士把她的头发全剃光了。在她被推进手术室的当儿，脑外科的医生为了她的病和施麻醉药的医生争执起来。一个说她必须开刀，另一个却说她根本不需要动手术，争执不下。施麻醉药的医生不肯替她麻醉，又把她推回病房。她这时突然大惊，我的病那么严重，连医生都不肯开刀，那么若我死了，怎么办？丈夫要上班，谁来照顾我的孩子？反复思量，从此就得了失眠症，每晚都忧心忡忡，睁着眼，睡不着。

她有个好朋友是个基督徒，特意陪她到多伦多求医，碰上我在多伦多替人针灸治疗。因为她赶着回伦敦，只有四天时间留在多伦多。我替她做了两次针灸，临走时，更是又做体针，又做耳针。我向她开导：不要胡思乱想，多祈祷，把一切交给上帝，又告诉她头晕乃因为胃寒，以后要正正经经地吃早餐、午餐和晚餐，不要整天沉迷于打麻将，要多放些时间在子女身上。她回去后一直睡得很好，半年后更信了耶稣，受了洗礼。

用中医的观点来解释，人之失眠乃由于心肾不交。“心”就代表神（心藏神）。“神”就是指神志思维，许多不好的思想和情绪，如抑郁、忧思都会令人失眠、沮丧而导致患病。必须时时快乐！但怎么样能将不快乐的情绪变成快乐的情绪？圣经说，“我们必须凡事相信，凡事盼望”。

所以，不要太执着，钻牛角尖，退一步海阔天空。

2000 年 2 月

（三）全球首家中国以外的中医院

——德国魁茨汀中医院

德国魁茨汀中医院于 1991 年建成于魁茨汀（靠近慕尼黑的一个小城，人口约 7800 人），该医院由德国企业家安东·施道丁尔先生与北京中医院大学东直门医院合作。由于西方的医疗费用非常昂贵，所以该院病人全为住院，其费用由德国的保险公司支付（约每天 270 马克）。该院共有 17 位中方医学顾问，2 位中国护士和 6 位德方医学顾问，疗效出众。

魁茨汀中医院主要提供的治疗为针灸、按摩、气功与中药（汤），每次针灸按摩约需时 40 分钟。由 1991—1998 年底，共收治 37585 例次住院患者，包括 102 个病种，平均总有效率为 82.79%，平均住院 27 天，出院后经一年随访，复发的不多，总有效率为 84%。

该医院一直由廖家桢教授主理，廖教授不单是西医（毕业于山西医学院），又于 1957 年开始跟随老中医秦伯来从事中医工作多年，是北京中医药大学东直门医院的教授。中医药发展乐观，现时该院等候住院者已排到两年后，又有德国的专科医院要求合作，另开设一家中医院，另外还有好几个欧洲国家提出合作开办中医院或诊所的要求。德国的西医也很热衷于学习中医，院方为他们举办了一个为期两年的中医课程，已有200余人毕业。

根据廖教授的观点，中医能够在西医高度发达的德国存在和发展的原因，主要有以下几点：

1. 西医对不少病的疗效欠佳，而中医则有显著疗效。

2. 中医治疗的毒副作用明显低于西医治疗。

3. 中医疗法的费用明显低于西医疗法。

因此，可以说中医和西医结合在21世纪将阔步走向西方国家，现时该院在德国治疗最多的病种包括痹症、哮喘、神经性皮炎、三叉神经痛、偏头痛、多发性神经痛、慢性气管炎等等。

不过，中医药在德国发展也遇到以下困难：首先，中草药进入德国，必须送往国家的生物研究所做详细分析，只有过了这一关的药材才可以作临床应用，因此在中国用惯的配方不能全部照搬过来，当A药还没有通过检测，就要立刻考虑用药性相近而又符合资格的B药代替。

其次，西方人通常只知针灸，对汤药却不熟悉。一开始病人都不肯接受服用汤药，中方的医生就只有给他们说这不是药，是“茶”(tea)，结果有的病人肯喝“茶”，有些病人不喜欢那味道，就把“茶”偷偷倒掉了，浪费了医生的心意。中药的汤剂往往会调和阴阳，促进人体平衡；一剂药可以有攻、有补，又常能照顾到病人的精神因素。通过慢慢地介绍和教育，他们才知道这“茶”对他们的病症有好处，现在很多病人都能接受这种“茶”了。

2008 年 11 月 19 日

六、生活随笔

（一）USE ME（为主所用）

有一首精彩的歌，其中有几句，令我深深感动。

“Make my voice an instrument,

Use me in ways l can't see!

Lord, I' ve decided to follow you.

Why don't you use me?”

每个人可以用不同的途径来为主所用，唱歌、打鼓、跳舞、写文章、成立教育基金、做医生、做护士、做社会工作人员、做各种专业人士，抱着“人人为我、我为人人”的心态，服务牺牲，舍己为人。

最基本的就是要有心，有爱心，对不同的人——穷的、富的、黑的、白的、健康的或患病的都一视同仁，能帮忙的就帮忙，能关心的就关心。还要以身作则，在家里、在单位，在待人接物方面都平静安稳，不抽烟、不喝酒、不嫖、不赌，做个好榜样。

（二）没有翅膀的天使小芳观后感

2010 年 9 月 27 日，TVB 一台“香港事情”报道了这样一个故事：

小芳六七岁时到小朋友家的天台上玩耍，她捡到一根铁丝，殊不知那根铁丝是高压电线，电线漏电使她受雷击，昏迷不醒，被送入医院急救。她的双手受伤极重，前后做过十几次手术，最后双手被锯去，才保住了小命。

父亲认为对小芳日后的养育费太贵，乃要求院方不再救她。妈妈坚持要保住小芳的生命，为了养家和照顾她，每天做两份工。妹妹则全天候地服侍她，但其实妹妹心里也很惧怕碰她的伤口，因开过十几次刀，上身有很多疤痕，过了三年妹妹才敢替她洗澡和按摩。

后来，小芳学会了游泳，一开始时很害怕，到 6 个月后就可享受游泳了。后来又慢慢地学着跑步和骑脚踏车，在学校里拿到不少其他的奖状。

小芳认为：经过这么多的挫折，不能颓废。首先要敢于面对自己，我没有了双手，还有双腿、双脚。不管别人看着你的眼神多么惊恐，要冷静，只当他们是出于好奇心。自己告诉自己，我是一个天使，有看不见的翅膀，并有个光环跟着我。

小芳有时候做梦梦见自己仍有双手，感觉特别高兴！梦醒了稍微有点失落。她说我们最要紧的是要勇于面对一切意外。这是我的第二生命，所以很多事情都要从头学起。

生命有时很脆弱，但我们要开朗，笑面迎人。

小芳喜欢画画，用脚趾抓住笔，坐在地上画画。她觉得画画的时候心情很平静。她的画可以卖少许钱，并得过国际奖。很多人以为她会做一个画家，但在心里，她最想做一个设计师，专门替有需要的人服务，因为她更明白他们的需要，譬如随身的银包，装八达通的袋子等。她这积极的心态和克服困难的能力实在令人佩服。

（三）你还剩下什么？

一个年轻美丽的少女因车祸失去了一条腿，要用义肢，她非常伤心！但要这样看：我失去了一条腿，但我还有一条健全的腿！又如：我目前虽然失了业，但我可以找到一两份兼职，还可保证温饱。

Never look at what you' ve lost. Look what you' ve left.

（四）新疆大风雪

新疆遭受50年来最严重的雪灾，有26万人受灾。记得前几天在内蒙古也遇到大风雪，这几天是否仍然很冷？How are you now？每个“白梅”或“百花”奖学金的干儿子干女儿，你们都好吗？穿得够暖吗？非常挂念你们！

香港So far so good，没有下过华氏32℃以下，最冷的一天也只是12℃～16℃，连天气预报会下雨，也只是微雨。我特别怕冷，已穿上了全套“武装”，羊毛衣裤、外套、帽子、手套等。但有少数年青人还只穿短袖T衫和短裤，真羡慕他们！我搬了家，经过好几个月的“折腾”，我终于顺利地住进了新家。希望三个月以后我也装上电脑，到时候，我们便可以经常联络了。我比从前健康，比从前能吃、能睡，走路也快了一点。

祝新年健康、快乐、进步。

2010年1月10日

（五）量力而为

最近内地青海省玉树县发生大地震，各地的官兵、医护人员及记者等都各司其职，尽力施救及采访报道。但他们亦需同时面对另一个挑战——高原反应(高山症)。据悉，部分人因不适应高海拔环境，患上感冒及肺水肿等病症，甚至有记者因出现并发症不幸殉职。更有甚者，来自广东省的300名救援人员因严重高山症而全部撤回广东。

此事使我想起五年前，我和永昌表弟研究除在内蒙古和河北承德市以外，希望再把奖学金推广发展到哪一处边远的地区时，他曾建议青海省的西宁市。

永昌表弟是清华大学的电机工程系教授，那时他常因公务到西宁市。我因怕高山症，立即反对。我因患有高血压和糖尿病，日常在香港坐电梯都上气不接下气；乘缆车上山顶也不舒服，若决定往高海拔的高原环境推广发展奖学金活动，可能出师未捷而身先死，那就太可惜了！我还有那么多的事未做，那么多的梦想未实现，必须保重身体，量力而为！

想不到玉树县地震证实了高山症的威力和可怕！毕竟

我在南方地区生活了60年，虽然乡音未改，但生活方面衣食住行已完完全全地“广东化”了。

（六）教师节感想

9月9日是我国的教师节。在和承德的教师们庆祝教师节连连碰杯的时候，我偷偷地在心里说，其实我也是一个合格的教师呀！

我不告诉人，只因为我低调，不爱招摇，但是我的心里却以作为一个“公共卫生”教育师为荣。看看那么多纯朴、可爱、上进的医科学生、护士学生们，真是有成就感。史长华医生和丁然更令我骄傲（注：两位都曾是奖学金得主）。

晚上，我梦见回到了英国伦敦大学“Health Education”（健康教育系）的教室里，我正在实习教学给同班同学们介绍，我的腿有点微抖，因为紧张。当天我的题目是“中国吸血肝虫”。同学们以前从未听过这种寄生虫。他们听得很入神，并问了很多问题。有个同学很赞赏我，下了课走来告诉我，“You are a born teacher”（你是一个天生的教师）。我的教具有地图和放大了的肝虫解剖图，大部分人都不知道中国在哪里。另一次在同学面前讲课，我的题目是“Water Boiling problem in Peru”（如何在秘鲁推广喝开水），同学们一样听得津津有味，而我自己，也在这个报告中学到了很多。水的污染问题在今时今日仍是我们祖国很多地方长期面对的问题，但愿他们能多增加些这方面的健康知识。

2010 年 9 月 9 日

（七）遗憾

记得当年高锟教授 66 岁，尚未做中文大学校长，我曾在母校老同学聚会饮茶时，邀请他到内蒙古工业大学讲学（半日至一日）。他说他不准备去，并且不单是内蒙古，国内其他的大学也不准备去。他当时是美籍华人，当时的美国对大陆非常敌对，可能他们有很多考虑和困难。或许我是鸡蛋里挑骨头。我觉得原则上讲学应不分彼此，管他是台湾华人，还是大陆华人，总之都是炎黄子孙。

谁会想到他近年已开始出现轻微的老年痴呆症状，虽然 2009 年获得了诺贝尔奖，希望到处讲学也不可能了。

没有人能预知明天自己会怎样，我不是责备他，而是觉得惋惜。由他的经历显示出：有一分热，就发一分光，能做的就立刻做，不要等到明天。

（八）父亲节致汉光

如果没有解放战争，
我不会来到香港。
如果我不来到香港，
我不会做护士。
如果我不做护士，
我不会认识你。

如果我不认识你，
我不会爱上了你。
如果我不爱上你，
我不会作出那么“英明”的决定——嫁给你。
如果我不嫁给你，
就不会做四个孩子的妈妈。
（你也不会做四个孩子的爸爸。）
做你的终身伴侣，

是一桩艰巨的任务。

把孩子们抚养长大，变成一个个有学养的人，更是我们两人共同担任的几项重大工程。

感谢上帝！任务与工程差不多都已相继完成。

愿你坐下来，冷静地审查一下我们的成就。

也愿你今后的每一个父亲节会因孩子们的成就，感到愈来愈自豪！老怀欣慰！

（九）丈夫的生日卡

当我们在一起的时候，永远是鸡同鸭讲，

但当我们一个走天涯，一个走海角，

又免不了互相怀念。

即祝

长命百岁

首先要心平气和

With Wishes

For Your Happiness Always ...

With Love For Being

Such A

Wonderful Husband!

Happy Birthday!

（十）结婚纪念卡

Dear William，

我们结婚快满 34 年了，谨抄录几句歌词给你：

月光恋爱着海洋，

海洋恋爱着月光。

啊……啊……

这般蜜也似的银夜，

教我如何不想他。

（十一）记得我们结婚的那天

记得我们结婚的那天，我曾引用过一段法文的名句：

Petit à Petit

L'oiseau fait son nid

用一条一条的树枝，

小鸟筑起他的巢。

好不容易，巢筑好了，生下了蛋，孵出了小鸟，经过几许艰辛，哺养大了几只小鸟。

现在小鸟振翅欲飞，不顾老鸟声声的警告，让他们飞去吧。

高兴怎样飞就怎样飞，
高兴飞多远就飞多远，
他们自有他们的天地，
我们也算尽了我们的责任。

（注：唐妈妈的大儿子郑新文大学选念音乐系，爸妈都有点失望，但也接受了他的选择。毕业后，新文在艺术管理专业发展，曾任香港管弦乐团总经理助理、香港艺术节行政总监，香港电台四台台长、香港艺术发展局秘书长、汕头大学行政总监、上海音乐学院艺术管理系系主任及教授。现在是香港教育学院的兼任教授、星海音乐学院和汕头大学的客座教授，并参与多项社会服务工作。）

（十二）感谢二媳

近日我不慎伤及前肋（腰上三指），不能吸气、不能转腰，二媳妇阿黎 (Alicia) 闻言找出滑雪时买下的日本膏药，以快递寄来，邮费是澳币 45.40 元，真是感谢上帝，有那么多人“疼”我。现特记述以下心声，向二媳 Alicia 致谢：

万分感谢，你的膏药。

一贴之下，疼痛渐消。

呼吸顺畅，亦可转腰。

一宵安睡，精神百倍。

继续努力，我的日程。

2010 年 4 月 16 日

▲ 2006 年日本北海道旅游

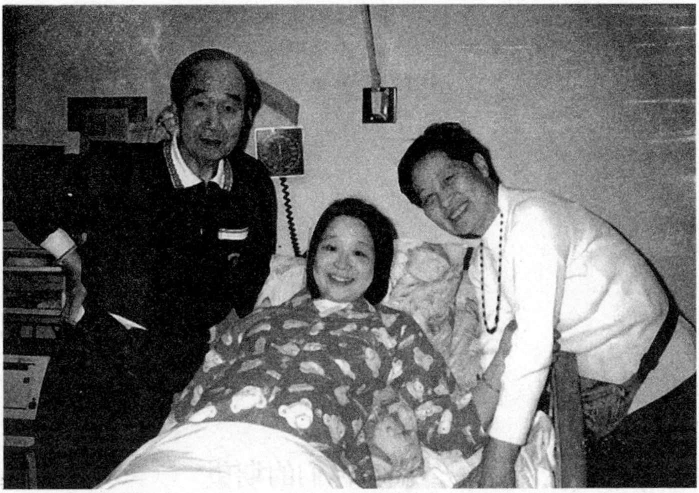

▶ 1997 年五月多伦多等候第一个外孙

▲ 2006 年与二儿媳在澳洲金矿场

七、白梅、百花奖学金

（一）我对你们的期望

10年前，我不是专程来的，我们是到包头参观科学院的。我有位姓郭的好朋友，他问我们去完了包头去不去呼和浩特市。我很喜欢旅游的，所以就跟着到了这里。来了以后，郭老师就去上课了。他上课就在一个比较破烂的教室，在三楼，没有荧幕，什么都没有，只有一个投影机把影像往墙上放，那个墙高低不平，我觉得那时的物质条件差一点。然后就去参观图书馆。图书馆有一层楼是空的，我问为什么都是空房间呢？他说："原本有一个日本企业答应捐助我们所有的电器，包括计算机呀，什么都有，但他们后来决定不捐了。"我觉得很可惜的，那么多空着的房间，而学生用不着。那时候听说全校只有一台计算机，是供校方用的，学生们是没有计算机用的。所以，我后来就想，不如我们想法子找人捐20台计算机，这样就可以提供多一点计算机让学生们用。这个学校有13个系，我想可以让每个系都有一个学生可以拿奖学金。所以是从那时慢慢开始的。已经10年了，时间过得很快，我觉得好像是一个梦一样。

我希望所有的同学做到三点：

1. 方向感（A Sense of Direction）

像刚刚同学讲的，就算你有病，就算你有什么挫折，你都要认清楚自己的方向，你一辈子就向这个方向走，千万不要偏离这个方向。

2. 责任感，敬业（A Sense of Responsibility）

责任感是很重要的。在香港有的人很懒，为什么呢？他们就爱互相比较工作时间的长短，很多人晚上10点以后才下班，早上8点又要当值，所以那些工作的妇女是很辛苦的。他们有时在上班的时候，就有点偷懒了，有的时候就云游太虚，打打游戏。如果那几天香港股票很红，就看看股票行情，买买股票。我觉得这些做法都是太不负责任的表现。我讲一个故事：我在做护士的时候，有一个比我高班的男护士长，他每天中午1点半交班，交班后到3

点也没吃饭，因为他仍留在病房中慢慢地写病历报告。他几乎所有的工作时间都是在照顾病人，等照顾完病人后才有时间坐下来写病历报告。当然现在很多程序已简单化了，但是他的那种服务精神，下了班都不舍得走的负责任的精神是很值得敬佩的。

3. 不要贪婪（A Sense of Integrity）

做人一定要比较完美，要讲诚信。现在我看报纸知道国家有一个反贪局，我们香港有个ICAC(廉政公署)，负责防止贪污的。我觉得一个人贪心不贪心，贪污不贪污，重要的是从小就要养成良好的习惯。所以当你们做父母时，就要培养孩子养成良好的习惯。这当中最重要的精神是：是你该拿的薪酬就拿，不是你该拿的就不要拿。不要样样东西都往口袋里装。我觉得每个人都应该像宝石一样，透明的、完美的，不要有污点。

我们应该廉洁公正，不要贪心，要记住：金钱和地位等很多东西都只是过眼云烟。

我现在告诉你们一个真实的故事。

话说在政府的建筑公署里有一位高级工程师，凡是某区内一幢楼宇或数十幢楼宇建成后，都交由他去验楼，要他对一切都满意后才出入伙纸。这样那些建筑商为了楼宇早些入伙，早些卖好价钱，就不惜向他行贿。

这时，廉政公署收到一份举报他贪污受贿的信件。廉政公署跑到建筑署一查，他的上司也正在怀疑事件的真实性。他们为了搜集证据乃不动声色地告诉他："你的办公室太陈旧了，油漆剥落，我们想替你换个新空调并重新油漆一下。你暂时搬到旁边空置的办公室办公，只要四天时间就行了。"他毫不怀疑，就搬到了邻室工作了四天。他的上司和"ICAC"的工作人员，在他办公室的顶部隐蔽的角落装上了摄像机。他搬回办公室后，从摄像机里看到他锁上门，从抽屉里拿出几个大公文袋，内有很多1000元大钞，不停地数。这一天内，他就点收了约60万港币。这样的行动大约维持了两个星期，所有的证据都被摄像机拍成了短片。这时因为他儿子要出来做歌星，要向公众和传媒介绍，花了60万港币到处请客，请媒体做宣传。很多人正在奇怪公务员哪里来那么多钱？他的案子就被公开了。由于证据确凿，总工程师要坐监两年多，也从此被迫退休了(没有养老金)。

4. 归属感（A Sense of Belonging）

不论你将来去到地球的哪一个角落，希望你们不要忘记自己是中国人，是"白梅百花奖学金"的获得者。你代表中国，代表自己的医院和学校，所以千万不要做任何令中国人丢脸的事。

5. 活到老，学到老

做了工程师、医生或护士，必须活到老、学到老，不停地学习，才能跟得上突飞猛进的科技，机会只会给有准备的人。最近见到几个承德护理职业学院毕业的护士，一个准备去美国念护士教育博士，另外两三个不只深造英语，还在念日文，或其他语言。我很欣赏他们这种好学不倦的精神。

6. 半杯水的哲学

我们每个人在一生中都可能遭遇一些不如意的事，天灾、火灾、水灾、交通意外、经济方面突然破产等；在这个时候，必须冷静地面对，并且要乐观地去面对。这好比我们手中有半杯水，乐观的人就会说："虽然我的水只剩半杯，但总比什么都没有好，我一定要加倍努力，不要气馁"；悲观的人看见这半杯水则会说："我什么都没有了，年纪又那么大，万念俱灰，不如死了好"。所以如果你碰到一个朋友或病人，只剩下一条腿，就要鼓励他"虽然你只剩一条腿，总比连一条腿都没有好"，必须振作。

以上是我对你们的要求。

当你们得到了奖学金，我还有很多别的要求。我好像一个妈妈，多了很多的孩子。我很关心你们，所以我很想知道你们的进度，你们在学业方面有什么进步，或者在工作方面有什么进步，或是人际关系方面怎么样，我都很想知道。所以我要求你们每年最好能给我们通三次信。给我的信可以寄给陈平教授。譬如说，你拿了奖学金后告诉我一下你的感受；过年时，给我写一封信；放暑假时也给我写一封信。至少让我们知道你的进度，有没有什么困难，有什么新的感受。这样我们就真的是一个“白梅”大家庭，让你们记住每个成员有什么困难，大家一块儿来支持、一块儿来分享。譬如说，你们毕了业，我们还是可以保持联络(keep in touch)，可以告诉我，现在在哪个公司工作呢？

要记住，把一切困难和我们分享，不要藏在心里闷闷不乐。一切的一切，是看你怎样去分析这个问题和有没有信心去克服困难。你们有热爱你的父母、家庭及朋友等支持你。还有我们这个“白梅百花奖学金”大家庭支持你。

▲ 2004 年和内蒙古工大学生合影

▲ 2007 年承德护理学院颁奖礼

▲ 唐妈妈、陈平先生 2007 年在内蒙古工大

（二）为什么叫“百花奖学金”

2000 年时，我觉得成绩不错，就把“百花奖学金”推广到内蒙古医学院；2005 年又推广到承德医学院及承德护理职业学院。“百花奖学金”就是百花齐放的意思。我看到每个学生、每个孩子就像一朵朵花，他们有不同的颜色，不同的芬芳，万紫千红，美不胜收，所以我希望每个获得“百花奖学金”的学生都是最优秀的，不仅学业超群，技术超群，还要品格超群，愿意帮助所有的人，不求名利，忠心地为中国的富强，在不同的岗位上埋头苦干，发光发热。到今年 9 月 9 日止，已有 385 人获得了“百花奖学金”。

（三）为什么叫“白梅奖学金”

我姓唐，名叫唐盛玫，小的时候在上海念书，同学们给我起了一个绰号叫“白糖梅子”。因为每年春天街头巷尾都有小贩在贩卖白糖梅子，梅子是从树上采下来的新鲜的，颜色浅绿，外面包上一层甜甜的白糖，吃起来又甜又酸又脆，很好吃。也因为纪念我的父亲，我就把奖学金取名为“白梅奖学金”。

1998年开始，我在内蒙古工业大学办了两件事，都是为了纪念我父亲的。我的父亲是天津南开大学毕业的矿冶工程师，后来去了美国哥伦比亚大学读工商管理，早年去世。

第一件事：开办了一个电子阅览室，当时内蒙古工业大学只有一台计算机（供校方使用）。我特地向亲友募捐，买了10台计算机供学生们使用。这个电子阅览室设在图书馆大楼，名为“景周电子阅览室”。

第二件事：同一时间在内蒙古工业大学创办“白梅奖学金”奖励家境贫困、操行良好的学生，每年每系1人，共13人。现在已增加到每年25人，截至今年10月的颁奖典礼，共339人受益。

（四）梦

每个人都有梦。是的，我也有一个梦。

我常常梦见自己长了一对美丽的翅膀，在芳香的花草间忙碌地飞翔。有人问我，你忙些什么啊？

我要探望我那二三百个子女。他们是一个个不同颜色的小毛虫，在树叶间，在花茎上蠕动，我深信，假以时日，他们会蜕变成不同大小的斑斓蝴蝶。而我的头上，戴着魔幻的头箍，可以随时接收这些小毛虫的轻声细语。

我要做他们的守护天使，用我的仙杖替他们排除万难。替被饥饿折磨的小毛虫带来几滴营养的仙露；替软弱患病的小毛虫带来及时的治疗；在患得患失，对自己没有信心的小毛虫心灵里种下自信和勇敢；在充满仇恨、歧视，不能兼容的气氛里种下尊重和互爱；在百事哀的家庭里洒下欢乐与满足。

我的目标是每个小毛虫都能变，变，变！蜕变成内外皆美的蝴蝶。他们的内在美包括仁爱、喜乐、和平、忍耐、恩慈、善良、信实、温柔和节制。

终有一天，天空里会展现彩虹。在树林里、花丛中、满山遍野里，飞舞着无数的蝴蝶，有的代表忍耐，有的代表温柔，更有的集多种美德于一身。

2008 年 11 月 20 日

（五）观赏蝴蝶

在香港，10月正是观蝶最理想的季节，天气不太炎热。这时候春夏两季的蝴蝶同时存在，你可以观赏到几十种蝴蝶和它们的毛虫宝宝。毛虫宝宝以叶子做屋，它们的食相也很有趣，真是人见人爱。

我眼中的奖学金学生就是各种颜色不同、形态各异的毛虫宝宝。假以时日，它们就会破茧而出，变成非常美丽的蝴蝶，有蓝的、黑的、橙红色的，也有黑白的，漫天飞舞，令你如痴如醉。

连我的女儿丹丹写信给我时也自称小毛虫 (Wormmie Baby)，并且加上一幅小毛虫的画。

2010年10月9日

2001年11月25日　内蒙古工大报

母亲节（外一篇）

唐盛玫

今年我过了一个很开心的母亲节，因为收到了三张很精彩的母亲节卡，只有三儿建华没有送贺卡，但他请我去文华饮下午茶，跟着又拉我去逛百货公司，在大丸替我买了一个很美丽的暖水壶，晚上，又全家去印尼餐馆吃晚饭。

我很喜欢各式各样的卡，贺生日卡、贺结婚卡等等，因为有的文字写得非常好、生动、有趣、插图也精彩。先说我今年收到的三张贺卡，第一张是女儿丹丹送的，画上有个小女孩在说话：

“I want to get you something really special for mother's day but then I realized what could be more special than a kid like me?”

（“妈妈，我想送一样非常特别的东西给你过母亲节，但，后来我理解到，世界上还有甚么比一个像我这样的孩子更特别？”）

我共生了三个儿子，很渴望有个女儿，七年以后，生了丹丹，家里的独女，掌上的明珠，真是比公主更珍贵、更爱惜，而丹丹也值得人爱惜，书念得不错，到了澳洲以后也比从前独立了许多，贺卡说得对，世界上还有甚么比一个像丹丹的女儿更特别？看后我心里充满了喜悦和感激。

过两天，就收到大儿新文的卡和礼物，新文送的卡，上面有六个谜语和六幅画。

第一幅：画着一罐蜜糖：

WHAT'S VERY SWEET
BUT ISN'T HONEY?

（甚么东西非常甜蜜但不是蜜糖？）

第二幅：画着一大袋金币：

WHAT'S WORTH A
LOT BUT ISN'T MON
-EY?

（甚么东西非常值钱，但不是金币？）

第三幅：画着草地滚球游戏：

WHAT'S LOT OF
FON BUT ISN'T A GAME?

（甚么东西非常有趣，但不是游戏？）

第四幅：画着一束燃烧的柴枝：

WHAT MAKES FOLKS
WARM BUT ISN'T A
FLAME?

（甚么东西令人温暖但不是火焰？）

第五幅：画着一瓶葡萄酒和酒杯：

WHAT IMPROVES
WITH AGE BUT ISN'T
A WINE?

（甚么东西愈老愈醇，但不是酒？）

第六幅：画着窗外初升的红日：

WHAT BRIGHTENS
EACH DAY BUT ISN'
T
SUNSHINE?

（甚么东西照亮了每一天，但不是太阳？）

IT'S YOU. THAT'S
WHO. HAPPY MOTH
-ER'S DAY!

（那正是你，母亲节快乐！）

看了以后，又不禁令我老泪纵横。

母亲节的晚饭桌上收到二儿卫平和儿媳惠梨的卡，一架钢琴上面放着一瓶缤纷的花：

HOW WONDERFUT THIS
WORLD WOULD BE.
IF MORE PEOPLE WERE
LIKE YOU—
THOUGHTFUL KIND CON
-SIDERATE.
AND UNDERSTANDING, TOO
THAT'S WHY WE THINK
IT'S WONDERFUL
TO HAVE THIS CHANCE TO
SAY,
A MOTHER WHO'S AS DEAR
AS YOU,
DESERVES THE BEST EACH
DAY.

如果多些人能像你那样仁慈、体贴
处处为人着想，又善于了解别人，
这世界将变得不同样——更精彩
所以我们想借这个机会说一声
像你这样可爱的妈妈
理应每一天都过得最美好。

我过了最美好的一天，非常高兴知道每个孩子都惦念着我这个母亲，从前的艰辛都已过去，三个孩子都走上了工作岗位，并且踏踏实实地做人，所以我在精神上已感到无比的富足。

写给内蒙古工大的孩子们

每个人都有妈妈，
每个妈妈对孩子都爱护得无微不至，
但并不是每个孩子都知道应该感恩，
很多以为这是理所当然的事。

你想过妈妈对你有些甚么期望吗？
一般的妈妈都希望自己的孩子好好地念书，踏踏实实地做人。
不一定要光宗耀祖，轰轰烈烈地做一番事业，
但至少可以做得到不烟、不酒、不赌博、不贪污，也不乱搞男女关系。

每个妈妈都期望自己的孩子健康快乐
所谓“养儿一百岁，长忧九十年”！
所以尽量好好地念书和工作，不要辜负妈妈对你的期望！

同时，也请尽量抽多些时间陪陪你们的妈妈，
有机会就向她表示你对她的爱，支持和欣赏，爱是应该双向的。
不要忘了付出你对她的爱和关怀。
我现在很常后悔
当年对妈妈的爱只搁在心里，不懂表白，
以及当年没有向妈妈好好地学多些厨艺，但是一切已太迟！

编后记：香港唐盛玫女士1998年出资在我校设立“白梅奖学金”，以资助少数民族地区的贫困有识青年完成学业。她还捐资与我校共建以她父亲的名字命名的“‘景周’电子阅览室”。

▲ 内蒙古工大报文章

第二辑　真情与爱的记忆

一、往事的追忆

——我的同学唐盛玫

郭蕴宜*

我与唐盛玫是南洋模范中学高中同学、一同考入沪江大学理学院，我们是住在一个宿舍的室友，如今我们从相识相知，不知不觉已经走过60多年的风雨历程，虽然当时因内战等原因，我们在沪江大学没有毕业而各奔东西，但是真诚的友谊和挚爱的情感使我们成为终身的朋友。记得中学时代曾唱过的一首歌，"Yesterday once more（昨日重来）"，那时我们青春年少，意气风发，梦想翩翩。随着时光的流逝，当年花一样的少女，如今已是儿孙满堂、鬓发染霜的老人，抚今追昔，昔日同学间的欢歌笑语，别离后的风风雨雨，记忆中的往事时常依稀浮现在眼前。这次我是应唐盛玫儿女之约，记下我当时与他们的母亲唐盛

---

* 郭蕴宜，原中国科学院北京研究院研究员。

玫女士交往中的点滴往事。

忆华年

往事回首似云烟，斗转星移年复年。那已经是60多年前的事情，我们从初中升入高中的头一天，班里来了几个新面孔，其中有两个说着流利的普通话，活泼、善良、亲切动人的姑娘，使我们班上的空气焕然一新，她们是从我们学校附近的世界学校转来的高宛真和唐盛玫。唐盛玫有个外号“白糖梅子”，我们顺口叫她“梅子”。又甜又酸青青白白糖梅子十分可爱，而她又善于和同学交往所以很快和同学打成一片。我同她的高矮相似，我们是坐在同一排上课，她的家庭环境也和我相似，而且我们又有相同的兴趣爱好，不久我们就成了好朋友。她为人亲切大方，乐于助人，做什么事情都有条不紊，所以经常得到老师的表扬。

有一次，我们几个同学在校中的幼儿园讲故事，背历史事件。有一个同学带来一大包旧衣物准备送到寄卖店去卖，我们好奇地打开看看，都是一些清末和民国初期的旧衣裙，大家顿时活跃起来，纷纷选了合适的衣裙穿上，即兴开了一个化妆联谊会，大家唱唱跳跳、说说笑笑，玩的好不热闹。玩过后，大家把衣服丢在一旁就准备走了，但是唐盛玫却留下来，帮助那位同学把衣物整齐的叠好，这时恰巧我们的教导主任施一德先生从这里经过，见到当时的情景，不仅表扬了唐盛玫同学做事干净（认真）有条不紊，而且还做了自我检讨说："看来世界学校的教育是全面的，我们做得还不够好"，最后带我们去照相馆拍了一张照，留作纪念。

南洋模范中学是以数、理、化为强项的中学，但对学生的培养是很全面的。男同学大多培养作木工和电工，女同学的劳作课的内容就较多了，要学绣花、织网袋、织毛衣、做衣服……那时我们的劳作课老师是震旦大学家政系毕业的，她教过学生一些初级的医药知识，简单的急救操作、营养学常识。在实践上教我们配饭菜、做小点心。她要求每个人要能上得厅堂，下得厨房，她教会我们做蛋糕，煮咖啡，当然也要求我们能在破衣服上打补丁，能自己做鞋，补袜子。有一次，她把我们同学分成几组，要求每组安排一顿经济实惠的晚餐，相互比赛，优胜的有奖励。因为课堂上条件有限，唐盛玫就提出各组分头去做，老师同意作为下星期的作业，由各组自己去安排。在约定的时间把做好的结果拿出来，大家品尝、评比。那次作业我和唐盛玫被分在一组。当时我并没有当作一回事，放学就回家。我刚把自行车推到家门口，唐盛玫领着组内的几个同学来到了我家，要讨论下周的作业，她很认真，一再强调做出来的饭菜要好吃，还要省钱。我随口提出了“一肉三吃”的点子，就是买一斤牛肉煮熟，将牛肉拿出来加上土豆、胡萝卜做成土豆烧牛肉，汤里加些西红柿、洋葱等可做菜汤，也可做盖浇饭，操作起来也很方便。我家楼下就有一个大的伙食商店，各种蔬菜肉类都很齐全，但是唐盛玫不同意，理由是伙食商店的东西都是高档品，价格较贵，从经济实惠的角度考虑要到菜场去买。当时我很不以为然，因为只有一斤牛肉能差多少钱，去菜市场又不能走去，还要车钱，两种意见有些争吵，但是在唐盛玫的坚持下，还是去菜市场买了牛肉。菜市场的牛肉当然没有伙食商店的质量好，可吃起来差别也不大。事后我们这组虽然没有得奖，但是老师表扬唐盛玫的精打细算，特别强调了过日子要做到一分钱掰成两半化。对唐盛玫的认真，考虑问题的细致，我当时只能认输。而她对此也产生了浓厚的兴趣，我们这几个人在她的张罗下，不时地聚在一起弄点小东西吃，而且人员不断扩大，花样也日益增多。唐盛玫的准备也十分充分，她家的南瓜饼，外皮酥脆，里面香嫩可口，是无比的美味。我们这个小组的活动越来越丰富，有时也组织一起去看电影或野餐。

有一次准备去野餐，有人提出了新花样，要求各自带一点新鲜别致的食品，如果两个人带一样的就要罚。这样一来就不会带五香豆、大麻花之类的东西。结果到野餐时，大家带的东西千奇百怪可没有一样东西能充饥的。到了中午，大家商量还得买点可充饥的食品，经商量决定去买包子。于是派了两个人到包子铺看到有肉包、菜包和汤包，但前两样已经卖完了，就买了汤包，他们想反正包子里还有汤，味道会更好。谁知包子的皮很薄，一大堆包子叠在一起，下面就破了，沿路流下汤，等包子到我们嘴里都已经是油面片。油乎乎的东西吃完后就非常渴，那时公园里没有饮料卖，只能喝自来水。第二天，大家都拉肚子，只有唐盛玫安然无事，原来她看到包子已经破得油乎乎的就一口也没有吃，所以不渴也没有喝自来水。这虽然是件小事，可以看出她遇事很细心，60 多年过去了，当年的情景似梦似真。现在想起来，真是事如春梦无痕，但它留给我们脑海中的是很甜美的记忆。

最难忘的一次聚会是在 1946 年初的农历春节（那时

还叫农历新年），我们一群人组织了吃年夜饭活动，从农历 12 月 23 开始，轮流到各同学家去吃饭，每家都充分认真准备，年夜饭大家吃得欢欢喜喜，热热闹闹。那也是我们即将告别中学时代的最后一个春节，几个月以后，就要离开学习生活了 3 年的母校，各奔东西，大家多多少少也有惜别的情绪。

榴花红了的时刻

1946 年的榴花开的特别红，它像一簇簇耀眼的火把，照耀着我们走出了中学的大门，或考入大学，或步入社会，本应是欢欢喜喜的事情，但是经过八年抗战打败的日本鬼子，赢得胜利的中国老百姓没有得到休养生息的机会，却迎来了内战的煎熬，我和唐盛玫是在“反饥饿、反内战”的游行示威声中考入沪江大学。

沪江大学是一所教会学校，宗教气氛很浓，对大一的学生约束也很严格，平时不许出校门，那时上海军江路上的人烟稀少，校园外基本是一片菜地，长的绿油油的，十分新鲜诱人，课余时间我们就想出去走走，但是怕被抓住，谁也不敢轻举妄动。我们校园看门的老头有个孙女，长的很秀丽，也很活泼，就是有点口吃，不知是什么时候唐盛玫就去帮助她纠正口吃，逐渐地就同看门老头一家成了朋友，这样，她出入学校的大门就很方便，我们也跟着她“借光”时常“私奔”到校外采集新鲜的草莓和新鲜蔬菜吃。

我们校园江边的对面是复兴岛，岛上有个渔业学校，一次唐盛玫独自在江边复习功课，遇上渔业学校的一个小木船搁浅了，驾船的只有一个人，顾了前面顾不了后面，船推不下水，唐盛玫看到后就下水帮助他将船推下水，她弄得满身是泥回到宿舍，我们看到都惊讶地觉得她多管闲事。过后才发觉，她管闲事我们也得到了好处，渔业学校的学生看到唐盛玫和我们坐在江边，就会主动问我们要不要到黄浦江心玩玩，偶尔兴趣来时，他们就会划船载我们到黄浦江心去赏月玩。

复活节的彩蛋

有些教会中的活动是很有趣的，我们同学并不是都信教，但大多数同学都参加了查经班（Bible Class), 主要是讲圣经上的故事，谈心得体会。查经班的主持人有时会带来一些糖果之类的小食品给大家吃，会后常常会有游戏，过得轻松愉快，所以能吸引很多同学参加。每逢过复活节的清晨，同学们还可以在校园中去找彩蛋（那些彩蛋是外籍教师头天晚上放在校园的树枝或草地上），谁拾的彩蛋最多谁最幸运，所以复活节的清晨同学们都很早起身出去找彩蛋，回来后大家作比赛，找出幸运儿，一般情况是大家热闹一阵后，就把彩蛋丢在一旁上课去了，没有几个人真的吃那些蛋，只有幸运地找到一个巧克力蛋才会吃掉。而唐盛玫却默默地把这些彩蛋都收集起来，到了晚上送到夜校，给那些农民的孩子吃，还会讲圣经中故事给那些孩子听。现在回想起来，在那时她就很关心贫困儿童的生活和教育。

雨夜惊魂

有一件事我至今记忆犹新，说起来像个故事，如果当时有人编成“小品”一定很精彩，但当时我确实被吓得心惊胆颤。那是一个狂风大雨的夜晚，我因为要复习功课应付考试提前回到学校准备功课，当时宿舍中回来的人很少，显得冷清清的，外面有点动静就心惊，不时风吹动门有些响声，心里觉得害怕，就用椅子把门顶上，时间已经是很晚，快到宿舍关大门的时候，突然听到外面有沙沙的脚步声，加上风雨敲打窗户的声音，使人感到很恐怖，而且脚步声是越走越近，我害怕下意识地用两把椅子顶住门自己坐在两个椅子的中间，顶着门壮自己胆，这时脚步声已经到了门前，并且开始敲门，我哪有胆子敢开门，只能从门缝往外看，只见一个模糊的人影，并伴有沙沙的声音，就像“夜半歌声”中的宋丹萍来了。就在我吓得几乎是魂不附体的时候，听到一个清晰的声音：“快开门，是我，唐盛玫！”我定了定神，再从门缝中看去，果然是唐盛玫。我打开门看到她浑身上下已经湿透，成了落汤鸡。我定神看了她半天，莫名其妙，弄不明白是什么事把她弄得如此狼狈，还有我刚刚看到那个黑影……这时她已经走到屋里，拿了一条毛巾擦头发上的雨水，开口对我说：“愣着干什么！不认识我了？弄点吃的吧，我饿了。”这时我才清醒过来，给她冲杯热牛奶，然后一面给她找吃的，一面对她说：“刚才你吓死我了，我开始看到的是一个大黑影子。”她听了哈哈大笑，出门提了一个笨重的雨披进来，问我说：“是这个吧！”接着她开始讲述了她的奇遇。

原来她也是提早回学校复习功课的，没有赶上学校的校车，就乘公交电车到杨树浦，那时只是下小雨，电车行走的过程中，雨越下越大，外面的天已经黑下来，她就闭眼休息。车到杨树浦站时，她要下车，但衣带被邻座的老太太坐在身下，她站不起来，推推老太太，老太太不说话，只是对她笑。这时乘务员过来说："不好了，那个傻老太太又上车了，她住在提篮桥的，上次是我送她回去的，这次可不行，这辆车要交班了，等下一辆车吧，哪位好心人帮帮忙，看着她，下班车就快到了，到时送她上车，那班车的司机会招呼她回去的，她是个老乘客。"说完就将老太太扶下车后，车就开走了，唐盛玫看看四下无人，又怕老太太走失，就陪她一起在雨中等车，不料下一班车中途出了故障，等了好久才来，所以满身都被雨淋湿了。当电车司机知道她是沪江大学的学生，非常感动，就借给她一件又笨又重的雨衣。我一面听她讲，同时赶紧找干净的衣服给她换，心里替她担心就脱口而出："大雨的黑天路上你遇到坏人可如何是好？"可她说："做好事，上帝会保佑。"接着她又说："下大雨，如果那个傻老太太真的走丢了，他的家人该多着急……"她的善良、乐于助人而不顾自己的安危可真让人无可奈何，只得嘲弄地对她说："你真是一个完美的基督徒，将来一定能上天堂，我就等着看你进天堂……”

我们进大学时处于动荡的年代，国内形势是风雨飘摇，上海市内的各种抗议示威运动此起彼伏，想闭门读书是不可能的。不久国内战争炮火逼近了江南，我们只能告别沪江大学，各奔他乡。临别时，我们定了一个“心的约会”，约定十年后，我们重聚在外白渡桥第三个桥栏前，当时是1948年圣诞节前夕。谁知十年后是1958年正值反右后期，将要进入大跃进的高潮中，谁还记得当年的约定，但在香港的唐盛玫约了在香港的同学重聚在一起，然后将重聚的照片寄给我们，从这件事可见唐盛玫对任何事情都很认真。

何处是康庄大道

离开上海以后，唐盛玫全家搬迁到台北，我是只身到了香港，离开了学校之后，只身在外只能是自谋生路。香港的环境虽然很复杂，但要找个一般的工作还不太困难，我幸运地找了两份兼职工作，收入还不错，又考上了香港大学，暂时留在香港不成问题，但是许多亲友都劝我办理出国留学。就在彷徨于三叉路口之间时，唐盛玫的父亲来到了香港，以我同学父亲的身份来看我，并极力劝说回大陆，他对我说："香港是一个不夜城，纸醉金迷的大都市，不是年轻人久居的地方，英美虽是一片乐土，但也是客居之地，年轻人要踏踏实实为国家作贡献。目前新中国刚刚成立，正是你们年轻人有所发愤的好地方，要回去就要尽早回去。"他走后，当时我的几个在场的朋友都哈哈大笑，认为这老头一定是共党。他当时是不是共产党我不清楚，不过他的话对我还是有一定的影响。我应该说是在温室中长大的，遇事只求平稳，没有什么开创精神，我读书只为将来能在经济上独立，不受他人摆布，没有什么雄心壮志。当然最没有风险的路就是回到父母的身边，做一个乖女儿。于是不久后，我就取道菲律宾回到上海。在我离开香港不久，唐盛玫全家也从台湾来到香港，时间相差不到一周的时间，我们没有见到面。唐盛玫留在香港，经过了艰苦奋斗最后总算在香港站住脚，后来她考入香港马丽医院的护士学校。

她的母亲那时已回到上海，她也经常回来探望母亲，所以我们又有了经常接触的机会，她每次回来都会写些对新中国新气象的报道，刊登在香港的报刊。我们有些同学年轻时很活跃，有位曾在反内战时积极活动，组织参加游行闹事而被校方开除的同学，在反右斗争中被划成右派，她感到很不理解，此后国内的政治运动不断，批斗接二连三，她就很少回来。直到文革十年间，我们彻底断了来往，没有通任何消息，那时她的母亲可能也回到了香港。粉碎“四人帮”前不久，她回来过一次，我因为在沈阳，能去上海同她见一面十分不易，当时的情况，见面什么话也不能说，只能是互报平安。记得那次见面，她给我带来一个珍珠贝的发夹，因搞阶级斗争还没有结束，这个带有资产阶级味道的漂亮发夹给我惹了不少麻烦，最后把发夹给上交才了事。

办事认真一丝不苟

十年浩劫结束后，改革开发，国门打开，唐盛玫又活跃起来，不时回来旅游，到处看看，那时当年不少上山下乡回城的青年，有不少处于半失业状态，大批内地贫困儿童没有上学的机会。唐盛玫看到之后感到很痛心，据我所知，从那时起她就有了想办法帮助那些贫困失学的儿童的念头。唐盛玫做好事的特点是不张扬，她曾默默地去资助过一些人，但是效果甚微，没法持续进行下去。

上个世纪80年代中期，国家改革开放政策不断深入，我也从沈阳调到北京，她在香港办理好退休手续就来到了北京，学习针灸。当时的北京生活供应方面还是较紧张的，柴米油盐及一些日用品都凭票供应，没有户口本就什么也买不到，但她的性格是只要下定决心要做一件事，是不怕艰苦困难的。她每次从香港来北京都带来两个大皮箱，箱中装的大多是食品和罐头。有一次我去看她，她就让我陪她吃罐头午餐肉及白水煮萝卜，看她这样吃法也不是长久之计，当时我和爱人师昌绪刚调到北京还没有分配住房，暂时住在友谊宾馆，那是个对外宾开放的宾馆，还能买到一些食品，如香肠、面包之类的，于是每逢周末和节假日就约她和许杭来改善生活。记得她两次来北京学习，第二次来的时候北京的经济供应已经明显好转，吃的方面已经不用发愁。她平时很喜欢旅游，北京的几个名胜古迹她都去玩过了，一次她对我说，她有个大哥在内蒙古，快80岁了，很想去看看他，正好我在包头和呼和浩特有两个朋友，就安排了我们几个同学去内蒙古旅游。那时内蒙古的经济还不发达，相比较还是落后偏远地区。研究所和大学的设备条件都很差，做学术报告都没有投影设备。在呼和浩特，我们住在内蒙古工学院的招待所，他们的住宿条件还不错，而且生活供应也还算丰富，特别是奶制品，品种繁多，在当时各地生活供应还不丰富的时候，我们是大开了眼界。但是当我们参观他们的图书馆时，看到有一层楼是空的，什么也没有，全校连一台电脑也没有。那时唐盛玫和几个兄弟姐妹曾想给父亲铸个铜像，但是一直没有找到合适的地方可以安放。回到住处，唐盛玫就开始想，如果能资助图书馆给学生提供查阅资料的场所，再弄几台电脑就更好，父亲的铜像是否也可以放在那里，这个想法一直盘旋在唐盛玫的脑海中。

第二年的秋天，唐盛玫和我们一些老同学组织去西安旅游，这次住在西北工业大学，我们参观了西北工大的校园，教学设备当然要比内蒙工学院要好得多，但是他们的图书馆也只有一台电脑。

大约在上个世纪 90 年代后期，她先在内蒙古工学院开始了资助贫困学子的工作。最初只资助了十三名学生，每人每年有 1000 元。十五年前这是个不小的数目。 不同的是，她每次都是亲手把钱交到学生的手中，留下自己的联系方式，然后对每个资助的学子的日常学习、毕业后的出路及遇到的思想问题事事关心。到本世纪初，她又开展了对承德卫生学院和医学院的贫困学子的助学，资助过学生的人数也发展到数百人，正在学习和已经毕业的学生们都亲切地叫她“唐妈妈”。随着助学工作的发展，她的负担也越来越重，她感到了有些应接不暇。一个近 80 岁的老人，每年多次由香港飞往内地边远地区发放助学金，与学生交流，聚餐联欢。她告诉我，在往返的途中曾有过一次小中风。当时我劝她年纪大了，对助学的事情要适可而止，要多注意自己的身体健康情况，她不以为然，坚持自己的助学工作。我们都有各自的事情，也帮不上她的忙。幸好有一位老同学陈平的鼎力相助，帮助收集和回复学子的信件，并在网上建了“白梅百花温馨家园”网站，这个网站架起了唐盛玫与已经受益的学子和正在受益的学子沟通的桥梁。她独特的助学活动已经形成了创新发展的事业，而这时唐盛玫却病倒了。

2010 年的初秋，唐盛玫两次北上承德和呼和浩特发放助学金，没有在北京停留。10 月下旬那次她在机场打电话给我，告诉我，她在等飞机回家，此次就不在北京停留，11 月份她还会来。我当时对她说：“11 月份北京太冷了，明年再来吧。”没想到她回去不久就病倒了，昏迷不醒有两个月的时间，她的丈夫郑汉光打电话告诉我们此事。后来我曾打电话到她家里，她女儿接的电话，告知她

▲ 唐妈妈与郭蕴宜合影

母亲的病情很危险。此后不久传来消息，她的病情有所好转，能坐起来了。2011 年 12 月，唐盛玫老朋友许杭和我专程到香港去看望她，那时她早已能坐起来了，但是处于痴呆状态。看到这个一生以助人为乐的老朋友，呆呆地望着我，一句话也说不出来，我一阵心酸……想起以前每次我去香港的时候，她都神采奕奕地在车站或是码头来接我，每逢她到北京，我们见面她都兴致勃勃地向我介绍她资助的干儿女们的升学、就业的喜讯，她开心幸福的笑脸就浮现在眼前。

现在这个心地善良，助人为乐的梅子的病情虽然稳定，但仍然反应迟钝不能言语，要恢复到以前的健康状况大概是不可能了。

回想与唐盛玫的如烟往事，她做了许许多多看似平凡的小事，且不为名不为利，坚持以助人为乐。特别是多年来，不顾七八十岁的高龄，不辞辛苦往返香港和内地资助并关怀一批优秀的贫困学子，成就了一番不平凡的事业。她就像一株在河中静静开放的荷花，风姿秀丽，而且从根到子浑身都是宝。她以独特的人格魅力和方式，为自己的国家和同胞作出了努力和贡献。

最后我填一首“如梦令”，送给老朋友，祝贺她平凡而伟大的助学事业成就。

如梦令·咏梅

满园落花春去
无情逝水东流
助学谱新章
凝聚精英无数
赞助　赞助
白梅家园永驻

2013 年 8 月

二、我的老同学唐盛玫

陈 平*

我很高兴地接受了郑新文、郑伟平先生的要求来写一点有关他们的母亲唐盛玫女士的回忆材料。首先，唐盛玫老同学做了很多值得大家学习的事情，我也很希望大家一起都来回忆有关她的往事，这将有助于我们更全面了解她，更全面地向她学习。其次，我和她是同龄的一代人，不论从家庭背景、当时时代和时势的背景、受教育的背景都非常相似，从小学到高中毕业这九年里我和她同班同学，有着共同的经历，我愿意把这段经历尽量真实地客观

* 陈平（1928—2015），生于上海，1935—1946 年先后在杭州弘道小学、上海世界学校、上海南洋模范高中学习，1946—1948 在清华大学数学系、哲学系学习，1949 年参加革命。曾历任歌剧院乐团演奏员、人民音乐出版社编辑、副总编辑等职。退休后，于 2005 年应唐盛玫女士聘请，担任“白梅百花奖学金”秘书，并创办“白梅奖学金家园”网站，为无数学子无私奉献了自己的晚年时光。

地写出来以供朋友们参考。

抗日战争爆发后，我家辗转逃到上海法租界避难，1938年春天，来到上海世界学校小学上四年级。唐盛玫比我来得早一点，也是逃难过来的，我们就这样成了同班同学。我们都是在炮声中逃难走到一起来的，这半年里唐盛玫的遭遇，想来和我也差不多，成天钻防空洞躲避日本飞机轰炸……当时我们都还只有八九岁，刚刚懂点事老天爷就在我们的小脑子里蒙上了一层黑影，我们已经知道日本人侵占了我们的东北，我们丢了卢沟桥，丢了北平、上海、杭州、汉口……所有的小学生都会唱“起来！不愿做奴隶的人们……”，我们都知道中华民族已经“到了最危险的时候”，再不争气就一定会当亡国奴！每天傍晚就等着晚报上有没有战局的新消息，孩子们最关心的是高志航的空军大队今天又击落了多少架日本飞机，小男孩们都想长大成为像高志航那样的空军英雄……我们四年级全班有十几个人，六年后初中毕业时共有14位同学，当时我们俩个子最矮，坐在全班第一个课桌，她坐左边我坐右边。在我的印象里，她是个典型的“乖乖”女孩，很听老师的话，对人和蔼，乐于照顾比她年龄小的同学们，偶尔有时也会有点多愁善感。由于战乱的原因，当时学校里还开设了幼儿园，幼儿园里还都是住校的小孩子们。唐盛玫是个住校生，放学后常可以看到她牵着几个比她小的住校生在桂花树林中散步。有时也可以看到住校的老师牵着她们一起玩耍。我还记得一次放学后，她带着几个小孩靠在大枇杷树下，嘟囔地抱怨说："乐老师这几天也不知为什么看起来心事重重，一定是心里不高兴了，也不来陪我们玩了。"

说到这里我想申明一下，我在这里所讲到的许多事，当时自己并不都能理解。就比方说起这位"乐老师"吧，当时只知道是教过我们英语、法语、音乐，还帮助学校照顾幼儿园和住校生的一位老师，只是在我退休后与老校友们一起追溯学校历史时才弄清楚原来这位"乐老师"正是北京同仁堂乐家老铺的乐钟璞小姐，是一位刚刚回国的法国留学生。那么，学校为什么会去请到一位留学生来当幼儿园老师呢？这些往事也都是我退休后和几位老校友查阅了学校的历史档案后才慢慢弄明白的。我们这个学校是个非常特别的学校。它是几位老一辈国民党人（蔡元培、李石曾、吴稚辉、张静江）所创办的世界社的一部分，总部设在日内瓦，宗旨是推动中西文化交流、组织出国勤工俭学。上海世界学校是它的分校，目的是向日内瓦输送出国留学的生源。因此，学校特别重视外语学习。从小学到初中毕业每天早晨我们的课程都是固定的四堂课：语文、英语、法语、数学。语文时间长一些，包括古文和书法。语文教学方面还有一条很先进的校规："在校时（包括下课休息全部时间）只许讲国语，不许讲上海话等地方言。"这也体现了"五四"运动以后非常先进的教育思想。至少当时在上海我还不知道有哪个学校能够做得到这一点。

由于有了这种文化交流的使命和背景，学校的周围无形中聚集起不少归国的留学生。有的被请来教书，有的是把子女送来上学，还有不少甚至父母不在上海，也把孩子送来住校、托管。这样一来，我们的老师中就有过许多外教（英国人、法国人、比利时人……），许多留学生和一些滞留在上海这个"孤岛"上很有学问的学者，比如教过我们法文的朱冼生后来曾历任上海生物研究所所长并以成功培育出"没有外祖父的癞蛤蟆"获过国家科学奖。教过我们生物学的张果老师后来曾历任上海科学院细胞研究所所长，教过我们音乐的陈传熙老师后来历任上海交响乐团指挥，还有一位汪老师，是大作曲家黄自先生的遗孀，她也曾教过我们音乐。还有的不少年青老师当时虽不是什么知名人士，但都有很高的素质，教学水平很高，就如唐盛玫和我直到现今还保持着联系的陈复和老师（现定居美国，已 97 岁高龄，长期以来出资资助“白梅奖学金”），她教我们数理化课程。同学们成绩普遍很好，当时我们班初中毕业 14 人中就有 6 人（包括唐盛玫和我）都考上了当时上海数理化最好的高中——上海南洋模范中学。

我们在南洋模范中学上高中时，凡数理化都使用英语课本进行教学，每天几何课上老师都要点二十几个同学上台来用英语背诵几何定理。数学、物理、化学的课本和习题、作业也都用英语进行。这样做的结果是学生们上大学后，都可以直接阅读外文的参考文献。

学校里民主空气浓厚，师生关系很平等、很融和，在我的记忆里就想不起同学间发生过什么冲突，什么拉帮结派、钩心斗角的事。这也是因为老师们的素质高，老师们从不辱骂、责罚学生，即使严厉一点也从不伤及学生的自尊心。家长有不少也是知名的教授、医生、工程师、科学家……现在回想起来，在这样一个环境中受教育，在这样一大批师长们、前辈们的言传身教熏陶下成长起来，对孩子们的影响是很深刻的。记得上法语课时，法语老师慷慨激昂地给我们讲《最后一课》的原文(文学名著《La Dernière Classe》，当时普鲁士侵略法国并勒令阿尔萨斯、劳兰省内小学一律改学德语，不许学习法语，这与日本侵占我国东北时的作为完全一样)。家长、师长们平时给我们讲的也都是“岳母刺字”，戚继光、史可法抗倭的故事……鼓励我们“精忠报国”。当时我在班里是做模型军舰的能手，我做过二战时期许多最先进的军舰模型：“英王乔治五世号”（King George V）级战列舰、“南安普敦”级（Southampton)、“肯特”级（Kent）巡洋舰……男同学们放假到我家来和我一起做，女同学们看着喜欢就跟我们要。这一切都表现着孩子们的爱国心，盼望着我们国家哪一天也能建立起自己的强大海军。

音乐课上老师教我们唱过黄自所作的《抗敌歌》，这是我们非常喜欢唱的一首歌。记得前几年唐盛玫还要我专门去把乐谱找来，建议我把它教给家园的孩子们来唱。可想而知，她很希望孩子们也能记得我们老一代人那段受过屈辱的历史，并以此来激励他们上进。

所幸，上海在 1941 年 12 月之前日本还没有接收上海的租界，在历史课上老师们还可以给我们讲近百年来我国饱受屈辱的历史，学生们知道原来远比我们落后的日本人当时已经会自己制造汽车、坦克、飞机、军舰、大炮……现在回顾起来，我们老一辈师长和家长的言传身教影响了我们一辈子，他们教导我们用功学习，做一个有理想的、正直的人，将来服务社会、建设祖国。而我们这一批校友们也是用自己的行动实践了他们的期盼，没有辜负前辈们的教导。唐盛玫就是我们这些同学中间做得比较杰出的一位。

唐盛玫做奖学金的工作，在我看来，这首先是一个爱国之举。她曾对我说，她向内蒙古工大捐献一个电子阅览室，后来办奖学金是为了纪念他的父亲。我还和她一起到她父亲的半身铜像前恭恭敬敬鞠过三个躬，我的心情很激动也很严肃，我并没有把这位老人仅仅看作是我一位同学的父亲。他生前曾是一位勤工俭学的出国留学生，学成回国满心想来做一番事业建设国家，而日本人的铁蹄下，只能壮志未酬抱恨终身！这是当时很多知识分子典型的共同命运。我来鞠躬是来表示对他们的敬意，表达我们后辈们的志愿，我们将努力为他们未竟的事业继续贡献力量。他们看到今天学子能够安静地在阅览室里用功，前辈们的未竟之业在这些学子的手中一定会逐步得到实现。他女儿援助的项目都位于祖国比较偏远比较困难的地区，想必老人家看到了心里更为宽慰。越是在这种地区看到新的发展唐盛玫就分外感到兴奋。记得有一次，我告诉唐盛玫一位家园的孩子毕业了来信说他在内蒙古一家风力发电的企业里工作，她非常兴奋立刻要我把孩子的电话号码给她，急切想要和他联系！她要同学告诉他风力发电的情况，并鼓励他好好干。

每次来颁奖时她对同学们总要讲几句“老话”，其中就有一条，嘱咐同学们“要有归属感”(A sense of belonging)。她说：“永远要记住你是中国人，你从哪个学校毕业的，今后不管走到哪里也不能给我们国家丢脸，不能给自己的母校丢脸……”

更难得的是，她的爱国心还表现在家庭生活中。我在和她的家庭相处时，发现她的儿女们，尽管都是从小在香港和国外受教育长大的，却都能讲得一口好的国语，读写汉语都很规范，这是很不寻常的事。我有几位老同学到了国外，都曾告诉过我，他们都极力要求孩子们不要忘本，在家里“必须”讲中国话，但实际上极难做到，一般孩子们能听懂中国话就很不错的了。然而，唐盛玫家里却能做得这么好，要不是平日里家长非常注意要求他们具备这方面的能力的话是很难做到的！我认为如此自觉地重视“讲普通话”，是一种全面的、高标准的爱国心的表现。

另外她的这种爱国之举在全家都是一致的。譬如“白梅奖学金”并不只是唐盛玫一人出资，而是由全家包括丈夫、儿子、儿媳、女儿、女婿大家共同来出资支持的。而这全家所有的人也没有哪个是什么大款，也都只是普通的工薪阶层！

那年她在澳大利亚的二儿子郑伟平大夫要求到呼和浩特、包头等地讲学，非但不要求任何报酬还提出自己负责一切路费、食宿费用。到后在讲学之余还热心地和各校领导和同学们恳谈，鼓励学生一定要加强外语学习，讲到他自己常常到世界各地参加牙科方面的学术交流会，却很少遇见来自大陆的学者，他感到很痛心。

在如何对待“中”和“外”的问题上，唐盛玫能正确坚持一手伸向国外，一手发扬祖国遗产的立场。唐盛玫本人，她的儿子郑新文先生、郑伟平大夫都屡屡向同学们提及学习外文，提高学生吸取西方先进科学技术知识的能力的重要性。另一方面唐盛玫对祖国医学也非常热衷，她是当时回到大陆来最早的一批老同学，主要就是回来学习针灸，学成后就以针灸到香港、加拿大行医，大家也都知道当时中医在国外推行针灸是要克服很多困难的。

以上是我对我的老同学唐盛玫所知道的一部分情况，至于 2005 年以后，我帮助她做一部分奖学金的工作中的一些感受，我将在另一篇文章中再去写了。

三、『白梅百花温馨家园』的回顾与展望（2003—2012）

陈 平

“家园”这个团体是2003年由内蒙古工业大学“白梅奖学金”的获奖同学们为了保持互相联系而自发创立起来的。当时他们征得学校领导的大力支持，在学校网站“学工处”的栏目下建立了“白梅温馨家园”的网站。最早来上网的记录是十一年前——2003-09-28，18:52的一位当

▲ 陈平先生2008年在内蒙医学院捐赠仪式上

时还未毕业的侯琴同学。五年间由于奖学金工作的发展，颁奖范围的扩大，名称才开始改为现在的“白梅百花温馨家园”。记得2005年秋的一天，我小学四年级时的唐盛玫老同学去内蒙古和承德颁奖路过北京时来看我，她要我帮她照料我们这个“家园”。她向我介绍说：她把每个获奖的孩子都视为自己的儿女，要我帮助她保持联系，一个也不要丢了，并帮着关心他们的成长发展，当谁遇到了什么困难时设法给予帮助，随时倾听大家的心声，做大家的亲人和良师益友。当时第一个亟待完成的任务是，帮她完成未及回复的65位同学的来信。就在回复这一大堆洋溢着亲情的信件的过程中，我不知不觉地走进了“家园”这个大家庭。到了今天，我在这个大家庭里和一大家子年轻人已走过了九年时光，这是个非常可爱的、温馨的并有着远大展望的团体。

1.“家园”的性质和任务

“家园”的全体成员都是历届的获奖同学，到今年已经有946人了。他们都亲身感受过唐妈妈的无私援助，也有志于向她学习无私奉献爱心的崇高品质。他们都是举办“白梅百花奖学金”十年来经老师们精心遴选出来的获奖者，应该说是一批素质比较高的高校学子。我们逐渐认识到这样一个群体实在是个来之不易的宝藏。每个成员来到我们这个“家园”，都是经历过一个激烈的竞争过程的，既包含着本人的努力、奋斗、磨难和考验，也说明了在校时他们已属品学兼优，多数成员还经过一定的群众工作的锻炼，再加上学校层层领导精心遴选。每个成员都是从小就吃过苦，深知求学来之不易，善于艰苦奋斗，待人能够知冷知暖，都是助人为乐的上进青年。我们只要维系好这个集体，不致失散，并为大家构筑一个便于互相联络、互相交友的平台，那么彼此之间实现互相关爱、互相帮助就只是水到渠成、顺水推舟的事了。于是我们开始大力宣传“宝藏”这个概念，提醒成员们来珍惜它，从爱心的实践，爱心的接力棒这样的高度来认识它、开发它，鼓励大家在这里“互相交友、联络感情、互相关怀、互相帮助”。

另一方面，家园处于一种非常分散的环境中，他们原来在校就来自不同系科、不同班级，毕业后又分散到七八十个不同的城市和地区。我们建立“家园”的目的就是要便利他们达到“互相交友、联络感情、互相关怀、互相帮助”之目的。“家园”建立十年来，在大家心目中“家园”确实是个交朋友的好地方，首先是因为所有成员都是“获奖者”，相对来说也可以算得上是“知根知底”的了，而且在许多聚会或联欢的场合，初次见面大家都会亲身感受到有一种“一见如故”的感觉。到目前为止，“家园”里有相当数量的成员已经成为要好的朋友了，只要我们坚持做下去，我们这个团队一定会变得越来越温馨，团结得越来越紧密。

2.《家园名录》

为了鼓励大家互相认识、互相交友，首先要做的事是建立一个《家园名录》，这是“家园”每位成员情况和联系方式的大数据库，同时也包括了全部成员各方面的整套索引。2005 年，我们很快地就建成了《家园名录》。不过，为了把这部“名录”送到大家手里方便大家使用却并非一件容易的事。因为《家园名录》的内容都是大家的隐私，因此，存放《家园名录》的地方必须是在一个仅对“家园”成员公开开放，却又能严格拒绝外人进入的地方。后来一直到 2009 年我们才把“家园”自己的网站建设起来，陆陆续续地解决了在“家园”网站里公布《家园名录》，并逐渐争取做到定期维护、更新。

3. 家园咨询网

“家园”里的同学需要求助而一时又不知道找什么人时，往往会通过电话、短信、E–mail 等方式先与我取得联系。手里有详细的《家园名录》，因此可以很方便且即时地向他推荐适当对象，或寄回一个名单，求助者可以按名单及联系方式找到可以帮助他的“家园”朋友，必要时我还会主动发一些短信给部分对象，以至帮助人会主动找上门来进行帮助！这类求助的内容很多也很杂。例如，有人准备考研或某些资格证，考公务员……想找有经验的人讨教一下；有的为想找一份与专业相关的工作……甚至生活方面的某些问题等等。“家园”里能人是很多的，不仅有各种专业的人才，有不同经历和各种不同能力的人。例如，遇到了有人心情不好的时候，“家园”里就有不少平时就善于帮人分析问题、帮人解开心结的人，必要时我们“家园”里还有学习应用心理学的人和专家们。

最令我感动的是 2008 年 1 月 31 日，全国遭受雪灾，南方很多地方大面积停电，大量旅客滞留各地火车站……就在这时，我收到一位“家园”学长来信，建议“家园”里调查一下是否有人因寒假回家在中途被滞留的，我们可以发动各地的“家园”朋友向他们提供食宿。当天我们就写了短信发给全体“家园”同学，结果只有一位云南的同学曾在途中被滞留，不过后来已回到家了。这一情况说明“家园”提出的“互相关怀、互相帮助”并不是空话，“家园”是会以实际行动作出反应的。

4.《家园快讯》

《家园快讯》是“家园”内部互通消息的一个电邮刊物。“家园”的同学们把自己想要对大家说的话电邮寄给我，我会将家园里的一些消息和大事一并刊登出来，形成一份电邮刊物寄给每位“家园”成员。自2008年3月到现在，《家园快讯》已刊行了85期。刊出后我们还把它上传到家园网站上，大家还可以随时进行查询。

5. 家园网站

“家园”在互联网上建立了自己的网站“www.bmbhfam.org”。这个网站是封闭式的：只有家园成员参与活动，不允许外人进入。因此，进入网站后看不到任何外间的广告或任何其他信息。在这里公布和交换“家园”的信息是很安全的。很重要的一点是我们可以因此而为“家园”成员保守隐私。例如，我们可大胆地在网站上公布“家园”成员的通讯地址、手机号码……方便成员互相查询，而不至于被外人所窃取。网站上开辟一些栏目分门别类刊登“家园”的许多资料，如照片、资料和通告等可供大家随时查询。在网站上每位成员都有自己的一个个人空间，可以以此为据点与“家园”的其他成员开展交流。

6.“家园”的三个 QQ 群

“家园”为了满足成员们交流的需要，我们还开辟了三个 QQ 群：

白梅百花温馨家园　3468976

白梅百花温馨家园　A60668904

白梅百花——临时聚会　39930608

参加 QQ 群的人数约 600 人。“家园”虽然有自己的网站，但网站只便于公布长篇资料而不便于日常谈话，因此我们也必须开辟 QQ 群这样一种便于面对面交流形式的平台。同样，我们的 QQ 群也是封闭式的，我们有几位管理员经常清查，遇有外人混入就把他们删除。

7. 各地的同城聚会

这几年里，《家园快讯》、网站、QQ 群等交流平台大力地推动了家园内部的互相交流，但我们还要力争更好地在各地把“同城聚会”组织起来。因为这些年来的实践也越来越使我们体会到《家园快讯》、网站、QQ 群等交流平台究竟还都是虚拟形式的交流方式。如果真正要想提高“家园”内部的凝聚力，最后还要依靠最直接的、最自然的、面对面的聚会方式。我们已在全国 17 个具有不少于 5 位家园成员的城市里各委派了一位“联络员”作为聚会的召集人，来推动这项工作。希望他们能在本地区每年组织两次“同城聚会”。

从2005年以来，我们在北京、上海、深圳、哈尔滨、包头等地举办过这样的聚会，共计办过20余次。再加上在呼和浩特、承德，就每年颁奖之便，也举行过一些联欢活动以及宴请毕业学长们，一般每年也会举行一次。不过，经验说明组织聚会往往会有一定的困难，因为大家都很忙，人很难到得齐，例如，在北京的成员一般有七八十人，但每次组织聚会能够出席的至多也只30人左右。因此，我们告诫过各位联络员，“同城聚会”虽然非常重要，

▲ 2012年9月北京“同城聚会”。左起：李艳、陈平先生、郑伟平、丁然

但推动起来，应持之以恒，切勿急于求成，希望每年能够做到聚会两次，不必过于强求人数的多少。

8. 家园经济互助基金

当前“家园”里共有267位尚未毕业的成员。根据过去的经验，这部分同学中，有时会因遇到天灾人祸而再次陷入经济困境，甚至濒临辍学的境地。以前唐妈妈遇到这种情况的时候，总是立刻筹款支援，她说过：“不能让‘家园’的孩子再次失学！”到了2008年我们“家园”建立了“家园经济互助基金”专门来解决这一类问题。这个基金的资金是部分“家园”成员自愿认捐的。每位认捐的人只提出一个口头承诺，表示在任何需要的时候可以提供某个额度以内的款项(例如500元、1000元……)。目前并不需要实际缴出这笔资金，家园里则仅指派三位管理人员将这些承诺记录在案，当有困难的同学前来申请，如获批准即可与各位认捐人协商，征得他们的同意调用他们提供的基金。借款同学在渡过困难后，在预定的还款期前归还该笔借款。几年来这一基金曾经陆续帮助过一些同学，效果是很好的，在申请、批准过程中也都很顺利，借款同学也毫无例外地都能主动按期甚至提前归还借款。目前这个基金共有资金9600元，运行正常、顺利。

9. 家园互助储蓄

有了互助基金的经验，我们在经济互助的方面有了进一步的信心，于是开始考虑在更大的范围内组织经济互助。2011 年 3 月，“家园”开始成立“家园互助储蓄”。成立的目的主要针对“家园”越来越多的毕业生的需要。目前家园已毕业的成员占 70%以上，今后还会不断增加。他们毕业后走上社会，先要回报父母、自己要建功立业，日后还要结婚成家、养育子女，生活不时可能会陷入经济紧缺的境地。这时如果家园能向他提供无息贷款的话，对他当然会是一个很大的帮助。

家园的互助储蓄规定：“家园”成员可以来存款，“家园”可以利用大家的存款来帮助前来借款的“家园”成员。但只有参加储蓄的成员才有借款的权利，这样就形成了一个“尽义务和享受权利”的关系：我们鼓励大家都来储蓄，而储蓄户又可以在需要时前来分享这部分集中起来的资金，借支期满时如数归还借款即可。“家园”里则指派两位管理人员管理这部分业务。到目前为止，我们的储蓄总额为 1 万元，已借出 1000 元。运行也很正常、顺利。

以上是“家园”几年来的简要回顾，也是当前“家园”作为重点来抓的几个重点项目。确定这些重点是经过比较严格、慎重考虑的，事实证明，它们能够有力地推动“家园”的发展，使“家园”的孩子们实际受惠，而且有可行性，可以长期持续。今后，我们除了沿着这个方向把这几件工作做得更好、更扎实外，还将谦虚谨慎地继续摸索前进，为孩子们打造一个温馨的、美好的交友平台，一个“奉献爱心”同时也享受“爱心关怀”的温馨的大家庭而努力。

四、唐盛玫与景周电子阅览室

武志朝*

去年看到唐妈妈的公子郑伟平先生编写的《大爱无痕——唐妈妈故事》的书稿。拜读之后对唐妈妈有了更多的了解，也让我们更加敬重她老人家。书中谈道:“唐妈妈在内蒙古工业大学办了两件事:第一件是开办了电子阅览室;第二件是创办白梅奖学金。”书稿中对创办白梅奖学金介绍得比较多，但对开办电子阅览室介绍不多。我感觉是个遗憾。作为唐妈妈开办电子阅览室的亲历者、实践者，我有责任把唐妈妈开办电子阅览室的经历向大家介绍一下，让广大读者（师生）了解并永远铭记唐妈妈为内蒙古工业大学图书馆现代化建设所做的开创性贡献。

记得那是1998年秋季的某一天，唐盛玫和郭蕴宜两

---

* 武志朝，1997年7月—2007年6月任内蒙古工业大学图书馆馆长。

位女士在学校相关部门的领导赵明春处长、原材料学院夏向东教授等的陪同下来图书馆参观。当时由我负责接待唐女士一行。参观时唐女士边走边看不时提出一些询问，如图书馆的藏书量，能容纳多少学生前来阅览，开放时间等。我们一一作答。唐女士脸上露出会意的微笑。当参观走到图书馆丙五楼时唐女士发现有几间屋子空着，屋内没有任何设备和书籍，唐女士不解地问："这几个房间为什么空着？"我向她解释说，这几个房间原本是为图书馆电子阅览室准备的，但由于学校经费紧张一时没有能力购置价格昂贵的电子阅览设备，这里只好暂时空着。听到这些唐女士紧锁眉头没有讲话。虽然她没说什么，但看得出来这件事对她触动很大。似乎这次参观她亲身感受到我们边疆少数民族地区高校图书馆与发达地区在拥有现代化设备和技术手段方面存在非常大的差距。

上世纪末计算机及数据通信技术的迅猛发展，引起了文献信息出版形式发生重大变革，文献信息也纷纷数字化、电子化、网络化。当时不要说国外，就国内的一些发达地区高校图书馆也都开始实现计算机和网络化管理。而我们这些欠发达地区的高校图书馆仍然停留在原始手工操作阶段。

带着一丝遗憾唐女士一行结束了此次参观。这是唐女士第一次参观我们内蒙古工业大学图书馆，也是从这次参观唐女士与我们图书馆结下了不解之缘。我第一次和唐女士接触认识，对唐女士的印象就非常好，她总是面带微笑，和蔼可亲，彬彬有礼，是一位慈祥善良的老人。

过了一段时间，夏向东教授来图书馆向我们转达唐女士有意资助建设电子阅览室的意向。听到这个消息后我们非常高兴，并及时向学校领导汇报这一情况。校领导当即表示欢迎，并决定学校也积极筹措资金与唐女士共建电子阅览室。孟昭昕校长亲自给唐女士复信表达学校意见。根据学校的指示我们与唐女士取得联系，并将电子阅览室的规划方案及经费预算等资料寄给唐女士。按当时的规划拟建一个拥有 20 台检索终端，具有联网检索电子文献信息功能的阅览室，建设资金约需 40 万元人民币。

唐女士对我们的电子阅览室建设方案及经费预算非常重视，并向其表弟清华大学顾永昌教授进行咨询，顾教授看过我们的方案后提出了他的意见："我认为内蒙古工业大学要建设这样一个阅览室，其目的和用途是明确的，也是恰当。现在正在新世纪到来时，即将进入信息化时代，作为一所高等学校有必要拥有这样先进的设备和手段。"

顾教授为我们选购设备提供技术指导，还来信嘱咐我们在购买设备要精打细算货比三家。有了顾教授的意见，唐女士资助建设电子阅览室的决心更加坚定了，开始向她的亲朋好友募集资金。从此图书馆电子阅览室建设拉开了序幕。学校前期投资18万元经过近一年的建设，为电子阅览室购置网络服务器、磁盘阵列、计算机终端等设备，建立电子阅览室雏形。1999年11月4日开始试运行，向全校师生开放。电子阅览室的服务器与校园网连接，清华大学“同方《中国学术期刊》”全文电子信息，全天24小时向校园网用户开放。电子阅览室建设为全校师生查阅电子文献信息提供极大方便，也对学校的教学科研起到积极的促进作用，深受广大师生欢迎。但由于学校前期投入经费有限，电子阅览室检索终端数量、存储设备物理空间有限，还不能完全满足读者需求，亟待进一步扩充。就在这时唐女士向亲朋好友募集的资金陆续到校。两年间唐女士共为电子阅览室募集1.5万美金，3万元人民币（其中唐女士个人捐出1万美金，其余是向亲朋好友募捐的）。唐女士的捐款对电子阅览室建设真是雪中送炭，使得电子阅览室检索终端增加到20台，这些终端都是按唐女士的意见全部采用“联想”品牌。同时电子阅览室的服务器和存储设备都得到升级和扩充。内蒙古工业大学图书馆电子阅览室的建设在唐女士的大力资助下初具规模。这样规模的电子阅览室当时在内蒙古高校图书馆为数不多，处于领先地位。同行们都非常羡慕我们。

经学校研究同意，按唐女士意愿将电子阅览室以其父亲的名字命名为“景周电子阅览室”。唐女士的父亲唐景周老先生生于 1895 年，早年就读于南开大学矿冶工程系，毕业后赴美深造，在美国哥伦比亚大学取得矿冶工程硕士。学成回国后，兴办了安徽水东煤矿，创办了安徽淮南煤矿，修建了宁芜公路、水东铁路及部分淮南铁路。在南京兴建中央商场和景贤里。在安徽合资开办机器碾米厂，创办上海大公染织厂。主张工程师应：“实践出真知”“不纸上谈兵”“永远进取”“永不言倦”。电子阅览室的墙上悬挂了唐女士为纪念其父而制作的铜匾。

“景周电子阅览室”近一年的试运行，完全符合设计要求能基本满足全校师生检索科技文献的需求。学校与唐女士商定于 2000 年 9 月 22 日举行“景周电子阅览室”揭牌仪式。当天下午学校在图书馆报告厅隆重举行“景周电子阅览室揭牌暨 2000 年度白梅奖学金颁发仪式”。唐女士及儿子郑伟平和清华大学教授顾永昌先生应邀出席揭牌仪

▲ 景周电子阅览室

式。学校党政领导常信、董方成出席（孟昭昕校长因出访蒙古国未能出席揭牌仪式）。各学院分管领导及学生代表200多人参加仪式。副校长常信教授代表校党政领导和全校师生对出资设立“白梅奖学金”和积极捐资与学校共建“景周电子阅览室”的唐盛玫等八位女士和先生表示衷心感谢。他说：“唐盛玫女士作为工薪阶层的知识女性，既无显赫地位，又没有丰厚的收入，但是有着宽阔博大的胸怀，有一颗纯洁善良的心。她以强烈的历史和社会责任感以及对祖国和民族深切的爱，劳苦自己，帮助别人。不图任何回报，无私地帮助我们边远少数民族地区解决困难，完成学业。如此义举却要求学校低调处理，不声张，也不请新闻单位。由此更让我们感受到她那无私的品格和高尚的道德情怀。”常信副校长代表学校向唐盛玫女士赠送了“义助教育，功德千秋”（由孟昭昕校长题字）纪念牌及荣誉证书。唐女士向大家介绍了她父亲唐景周先生奋斗的一生，并勉励同学们“不畏艰苦，永勇于创新，把握机会，努力学习，为振兴祖国多做贡献”。会后唐女士一行和校领导来到“景周电子阅览室”，由唐女士和董方成副书记为“唐景周铜匾”揭幕，并参观了“景周电子阅览室”，之后唐女士一行与大家合影留念。这是历史的见证，“景周电子阅览室”的建立，在内蒙古工业大学图书馆的发展史上起到划时代的里程碑作用。它标志着内蒙古工业大学图书馆开始由传统图书馆向现代化图书馆迈进。

“景周电子阅览室”建成后，唐女士每年秋天来学校颁发“白梅”奖学金时，都来图书馆巡视并去“景周电子阅览室”看看，询问使用情况。每当看到电脑前坐满了查资料的同学时，唐女士脸上露出幸福笑容。这大概就是“帮助别人，快乐自己”的真谛。

通过几年和唐女士的交往，不断加深彼此的了解，更加深了我们之间的友谊。唐女士不仅从资金上给予支持，我感觉给我们更多的是精神财富。在“景周电子阅览室”揭牌仪式上常佶副校长对唐女士的评价是非常贴切的。她高尚的人格魅力感染着我们，激励着更多内工大的莘莘学子。

由于工作岗位的变动，2007年以后与唐女士的见面机会少了，但我们彼此相互惦念。唐女士每次来学校都向别人打听我。我每当得知后都去看望她老人家。听说唐女士病了，至今我也不愿相信这是真的。写到这里激动的心情不能自已。本来有很多话要说，但此时此刻只有一个愿望：愿我们敬爱的唐妈妈早日康复，再来“景周电子阅览室”看看。

五、我眼中的唐妈妈

杨美霞

我叫杨美霞，因为“白梅奖学金”我有缘和唐妈妈相识。在我眼中，唐妈妈是一位慈祥的老人，她无微不至地关心着我们，就像妈妈一样，所以我们大家都习惯叫她“唐妈妈”。唐妈妈家境并不是很富裕，但是她把自己的积蓄奉献出来，设立“白梅奖学金”，对品学兼优、家境困难的莘莘学子给予奖励。这样的温暖让我们身怀感恩，我们愿把唐妈妈的爱和温暖一直传递下去，让这份温暖一直伴随着我们，鼓励着我们。

唐妈妈个子不高，脸上总是挂满微笑，说话声音和蔼可亲，总是充满关爱之情。每年见面她都会亲切地叫出每位同学的名字；她总是那么细心，每次见面都给我们准备一份小小的礼物。我结婚时，她还给我邮寄了一个精美的相框。生病前的唐妈妈每年都会来呼和浩特和我们见面，她特别喜欢听草原歌曲，我先生王晓明唱歌她也特别爱听。2010年她不顾长途跋涉的疲劳，带着对孩子们的挂念，从香港来呼和浩特给新获奖的同学颁奖。那次我们全家和唐妈妈一块唱《我的中国心》，她的脸上一直洋溢着幸福的表情。我女儿王露冉还给我们唱英文歌曲，她说唱得很好，长高、长大了，我女儿画的画她也称赞很漂亮。上次唐妈妈来呼和浩特王露冉送给她一张画，这次来她告诉我，要把王露冉画的画多给她寄一些。她回香港后，我们互通电话，她一直牵挂着我们，见我丈夫身体有一点发福，让我转告他，让他多锻炼身体，期待下次见面。

这就是我眼中的唐妈妈，她总是关心着每一个孩子，就连小小的变化都会观察到，她总是记着我们每个人的情况，挂念着我们，我们大家有她这样的妈妈而骄傲。她是我们做人、做事的榜样，她的言行我们会牢记，她教我们做人做事的道理我们会铭记在心。在我眼里她是最棒的！

2012年11月11日

六、祝贺信

2010年7月，唐妈妈和丈夫郑汉光庆祝结婚55周年，收到不少家园学生电邮传来祝贺。现选录几篇如下：

伟平（唐妈妈二儿）：

你好！我是内蒙古工业大学的赵明春，由于杂事太多很长时间没有打开邮箱。今日登陆看到你们一家将为唐妈妈和郑爸爸举办结婚55周年纪念活动的消息，由衷地替二老感到高兴和自豪！

我是唐妈妈在内蒙古地区设立“白梅奖学金”的协作者之一，也可以说是第一见证人。十几年来，“白梅”之清香从内蒙古工业大学飘逸到内蒙古医学院；艳丽的“百花”在承德医学院和承德职业护理学院师生的心中绽放。数百名品学兼优、家境贫寒的学子们，在接受您和所有为此辛勤操劳、慷慨解囊的好心人无私援助的同时，更为重要的是得到了心灵的净化和思想上的升华，而且感恩、互助和回报社会的良好风尚业已形成。

千言万语难以表达我对唐妈妈、郑爸爸和你们全家以及所有为培育“白梅”和“百花”付出心血的人们的称赞与感激之情。在此，借用毛泽东在《纪念白求恩》一文中的一句话来概括吧：“一个人能力有大小，但只要有这点精神，就是一个高尚的人，一个纯粹的人，一个有道德的人，一个脱离了低级趣味的人，一个有益于人民的人。”

在纪念唐妈妈和郑爸爸结婚55周年之际，谨用“最美不过夕阳红，温馨又从容。夕阳是晚开的花，夕阳是陈年的酒，夕阳是迟到的爱，夕阳是未了的情，多少情爱化作一片夕阳红”这首歌词来代表我对二老衷心的祝愿。

伟平，在我的记忆中咱俩同岁，我的生日比你大，因此就荣幸地给你当哥哥了。拜托你在恰当的时候和场合，将此信宣读一下，以表达我对唐妈妈节俭自己、爱心助人、奉献社会的善举，以及郑爸爸、陈叔叔和你们夫妇等所有支持并与她一起奉献爱心的人们的爱戴和敬重！若有可能就把你上次陪唐妈妈来时我唱的那首《北京颂歌》播放一下，作为我献给二老的一个礼物好吗？

代问弟妹好！静候你和弟妹再次陪唐妈妈回内地并来内蒙古呼和浩特，咱们再吃饺子。

愚兄：赵明春

2010 年 7 月 1 日

亲爱的郑二哥：

您好！

我是家园的孩子邢兰花（平时同学都叫我邢柯），一直很忙，怕我的祝福送去得太迟。今天考试完就赶紧用 MP4 做了简短录音。我的普通话说得不好，虽然没有看见唐妈妈，但我要同唐妈妈说话录音时，心里特别激动！希望简短的话语能带去我真诚的祝福！

郑二哥，当我接受到唐妈妈的恩泽成为“家园”的一分子后，我的人生发生了很大的变化。我一直是个很悲观很自卑的人，总感觉人世间冰冷无情。第一次见到唐妈妈和陈叔叔时，他们慈爱的面孔给我留下了深刻的印象，那一刻我感到了丝丝温暖。唐妈妈流利的英文以及她对我们的希望，让我重新振作起来，决心把英语学好。后来虽然没能同唐妈妈再见面，想必唐妈妈应该从陈叔叔那里一直在关注着我们，每每同“家园”的兄弟姐妹们相聚，都让我的心灵有一次新的洗礼，看到“家园”的孩子都这么努力且有出息，我才发觉自己奋斗的空间还很大。所以，我应该坚强起来，为以后给家人有个更好的生活，将来也能像唐妈妈一样帮助其他的孩子。为能做一名出色的女外科医生，我由专科走到了本科，现在正在准备考研究生。我能坚强地坚持着，所有的这些应该归功于唐妈妈，她给了我一个温暖的“家”，同时也给了我一个那么好的陈叔叔（无论遇见什么困难即使他在北方也总能及时出现在我们身边），也给予了那么多真挚的朋友和兄弟姐妹，让我感受到了人间自有真情在，即便在冬天，心里也总洋溢着春天般的温暖！

郑二哥，请转达我对唐妈妈的感激之情！假如我努力考到南方，有机会一定去看望唐妈妈和郑伯伯的！

最后，再次祝福唐妈妈和郑伯伯幸福一生、健康快乐！也祝郑二哥工作顺利、生活和美！

家园的孩子：邢兰花（邢柯）

2010 年 7 月

忆秦娥·咏梅香

水潺潺，

滋养万物润心丹；

润心丹，

百花丛中，

清香何来？

帮困扶弱救危难，

遍洒爱心志不凡；

志不凡，

梅香怡人，

声声礼赞！

"家园"刘彦婷敬上

▲ 2010年七月郑汉光、唐盛玫结婚55周年全家福

▲ 唐妈妈与儿子新文合影

七、最后一次北上

（一）唐妈妈最后一次出席“白梅百花奖学金”颁奖典礼

唐妈妈来到呼和浩特出席“白梅、百花奖学金”颁奖典礼(2010 年 10 月是唐妈妈最后一次北上参加奖学金颁奖典礼)。

10 月 18 日，唐妈妈来到呼和浩特出席内蒙古医学院和内蒙古工业大学的“白梅、百花奖学金”颁奖典礼。不同以往的是，获奖同学比原来计划的多出 14 个名额。有 4 个名额的奖学金来自部分“家园”的老学长，另有 10 个名额的奖学金是由唐妈妈的儿子郑伟平医生提供的。更为感人的是，就在 21 日的联欢会和聚餐会间，个别“家园”的学长还悄悄地向唐妈妈递交了一笔款项作为明年奖学金之用（其实这位学长家里有老有小，经济尚不宽裕）。这一切都说明唐妈妈十几年如一日的爱心善举开花结果，形成了越来越多的人争相传递的“爱心接力棒”。

陈叔叔

2010年11月8日

（二）感恩的心

1. 高春蕊的信

从荣获“百花奖学金”到聆听唐妈妈的故事再到与唐妈妈相见相知，最后成为“家园”的一员，每每都是那么的感人，那么真切。内心里对唐妈妈的感激之余，还有对唐妈妈的景仰与敬佩。

一位并不富有的老人，为了帮助他人，不辞辛苦，常年奔波，不图回报。她的爱心传送到祖国的大江南北，而且这份爱开始了就没有结束。这种爱心不是每个人都可以付出的；这种坚持不是每个人都能守恒的；这种责任感不是每个人都能感知的。也许在一些陌生人的眼里唐妈妈是一位平凡的老人，而在我的心里，在所有“家园”儿女的心里，唐妈妈是一位伟人，是凝聚了慈爱、仁爱、悲悯情怀的伟大女性，代表着高尚和圣洁。感谢唐妈妈，给了我又一个温暖的家，让我在这个世界上有两个妈妈；感谢唐妈妈，给了我绝对的肯定，让我在学习上尽情潇洒；感谢唐妈妈，给我的人生送来异样的夏花。您给孩子们的不仅仅是物质的鼓励，更是一种爱，一种温暖，一种力量，一种真谛。

还有一位老人，本可以享受轻松快乐的生活，本可以不再辛苦地费劳脑力，本可以与家人一起团聚。而他没有，当接到同学的电话时毫不犹豫地接受请求，选择爱的“担当”，选择了“白梅百花温馨家园”，不为别的，只为心中的那个叫“爱”和“善”的东西。这位老人不是别人，就是一直关心我们的陈平叔叔。陈叔叔您辛苦了！看到您和唐妈妈一起为了慈善事业奔波，心里有所触动，当我像你们一样年纪的时候，我在干什么，会不会也能做到你们这样，这样的伟大。说实话我不知道，因为我不知道以后的路具体是什么，迎接我的又有些什么，但在我年轻的心里滋生着一个根，一个付出与奉献的根，它将会在我的爱心与成熟的浇灌下发芽成长，开花结果，永不凋谢。

陈叔叔，请您和唐妈妈放心，“家园”的孩子们不会辜负你们的期望。相信已步入工作岗位的孩子们会在努力拼搏下茁壮成长，正在学习的孩子们会在刻苦的努力下学业有成。在孩子们成绩进步的同时会相亲相爱，团结友善，会将“家园”变得更全面和谐，更富有生命力。每一个“家园”的孩子都会牢记恩情将爱传送。

对了，说一下我自己吧。我的家乡是内蒙古赤峰市，我生活在一个普普通通的农村家庭，有一个爱我的姐姐，同样在读大学。我是一个开朗的女孩子，爱说爱笑爱交朋友，平时喜欢看看书写写东西，写的文章得过学校的奖励。从高中起就莫名地对医生这个职业有了好感，励志学习医学，现在我学的是医学影像学，读大二。我很喜欢这个专业，所以很努力。对了，告诉唐妈妈和陈叔叔一个好消息，我得到了大一学年的“百花奖学金”，我很开心！但是我不会骄傲的！

愿唐妈妈和陈叔叔永远幸福、快乐、健康！

家园的孩子：高春蕊

2010 年 11 月 1 日

2. 李博文的信

我说过："唐妈妈是世界上最幸福、最受尊敬的人。因为世界上没有一位妈妈会拥有700多个懂得感恩、懂得回报的孩子（并且每年都在成百地递增）。因为爱，所以爱！"被这种爱感动的不仅仅有孩子们，还有那些直接或间接参与"白梅百花奖学金"具体活动的校领导和老师们。

10月21日晚，唐妈妈和陈平叔叔在"名岳岛大酒店"和部分已经毕业离校的孩子们共进晚餐，应邀出席此次聚餐活动的校领导和老师有：内蒙古工业大学工会主席赵明春老师，学生工作处李佳老师。席间赵明春老师为孩子们作了精彩的讲话，发人深省，值得回味。10月23日，我发短信与赵明春老师联系："赵老师您好！好多人都说您那天晚上聚餐时的讲话特别感人，我想把您的讲话公布在'家园'的网站上，影响更多的人、激励更多的人。您不忙的时候，能不能把您那天晚上的三次讲话整理一下，可能会占用您的宝贵时间，但对'家园'的所有孩子们来说，却是非常有益的。对您的工作，我深表感谢。"

27日，赵明春老师将整理好的讲话稿发给我，全文转发如下：

各位同学：

大家好！我是内蒙古工业大学的赵明春，很高兴也非常荣幸地能够以"白梅奖学金"的筹划、协作者之一，或者说是第一见证人的身份，与大家一起参加唐妈妈举办的家宴。

我于1996年通过夏向东（原内蒙古工业大学材料学院教授）引荐，作为时任内蒙古工业大学学生工作处处长，因设立"白梅奖学金"事宜与唐妈妈结识。在交流沟通过程中，了解了唐妈妈拟自己出资在祖国的边疆少数民族地区设立资助优秀贫困大学生的奖学金的善意。经双方协商很快达成共识，将奖学金的名称确定为"白梅奖学金"，起草制定了《白梅奖学金条例》。唐妈妈于1997年来校为首届13名"白梅奖学金"获得者颁发了奖学金。

十几年来，"白梅"盛开，"百花"绽放，内蒙古工业大学、内蒙古医学院以及承德医学院和承德职业护理学院的770多名品学兼优、家境贫寒的学子们，在接受了唐妈妈和所有为此辛勤操劳、慷慨解囊的好心人无私援助的同时，也得到了心灵的净化和思想上的升华，而且感恩、互助和回报社会的良好风尚业已形成。

我之所以积极协助唐妈妈成就此事，并至今关注着此事，主要是通过此事使我受到了教育并为此而感动。一个人做点好事并不难，难在持之以恒，难在得到他人的支持和认同。唐妈妈不是大款，家庭也并不富有，但是作为一名退休的医务工作者，她勤俭持家，克扣自己，动员家人和朋友，把省吃俭用的钱用做善事；唐妈妈的儿子郑伟平多次放下手头的工作，偕妻子一起从澳大利亚陪妈妈回国内颁奖、开展义务讲学活动并出资助学；大家熟悉的陈平叔叔已是80高龄的老人，为了营造和谐的“家园”氛围，为了加强家园儿女们的交往与联系、为了进一步发挥“家园”网络的功能与作用，不辞劳苦、老当益壮，全身心地投入“家园”的建设和发展；被陈叔叔昵称为“拾遗”的丁然同学，把自己的业余时间大多用在协助陈叔叔料理“家园”的具体事务上；有的受助同学尽管参加工作不久，收入还微薄，却能积极地加入到资助其他学弟学妹的队伍当中……

从设立“白梅奖学金”至今，在“家园”里，唐妈妈一直以“妈妈”自称，大家也都亲切地叫她“唐妈妈”。其实，她作为大多数同学的“奶奶”也绰绰有余了(去年他的孩子们为她和丈夫举行了结婚55周年纪念活动)! 我的理解是，她愿意把大家都像自己的儿女一样对待，毫无保留地把自己的一切用在培育儿女身上。“妈妈”具有博大的胸怀，使人感到亲切和温暖，最无私、最体贴、最可亲、最可敬、最可爱！

对于每一位受助者来讲，每年1000元的奖学金并不能从根本上解决问题，但是，这份关爱的心意，也不能用金钱的数量来简单地衡量与评价。这种爱心需要我们来传递，这种精神需要我们来传承，这份责任也需要我们来承担！

当我们每一位“家园”的儿女都能够积极努力、关爱他人、奉献社会、事业有成之时，就是对唐妈妈以及所有为培育“白梅”和“百花”付出心血的人们的最好回报。

谢谢大家！

内蒙古工业大学　赵明春

2010年10月27日

3. 景晓杨的信

尊敬的唐妈妈、陈叔叔：

你们好！很荣幸也很高兴能获得“百花奖学金”，谢谢你们！

初次相见，你们是那么的慈祥与谦和，从你们的谈话中看出你们做事的认真与严谨，你们看问题也从小处着眼，折射出许多令人深思的哲理。我敬佩你们，因为你们那尽一生的同学情；我尊敬你们，因为你们有着博大的胸襟和高尚的情操；我更喜欢你们，因为你们就像家里的长辈一样给我们指点迷津。

你们不辞辛苦来到这里，亲自传递这份爱心，我很感动。这份奖学金对我不仅是物质帮助，还对我是一种激励，让我更有信心地学习奋斗，不辜负你们的期望和厚爱。

很开心能亲眼看到你们，希望你们在承德玩得开心，也祝愿你们身体健康，合家欢乐！

此致

敬礼

承德医学院中医系针灸推拿08级1班

景晓杨

2010年9月10日

4. 牛思莹的信

陈叔叔：您好！

我是2010年承德医学院“百花奖学金”的获得者牛思莹。今天有空把我的一寸照片发过来，还有9月10日教师节聚会后我写的随感，以示感谢！

百花家园，心灵震撼

一位八旬老人，为了自己的坚持，跨越大半个中国，从香港来看她新加入的“家园”子女们；另一位八旬老人，为了七十多年的同学之情，将自己退休后的全部时间用来建设“家园”，管理“家园”，为这里的每一个孩子排忧解难，这是一种什么样的境界！

从昨天颁发奖学金开始，我的内心除了感动，还是感动。这不仅只是一份奖学金，还是一份沉甸甸的爱与责任。今天，我们得到了他们的帮助，明天，我们将尽全力去帮助曾经和我们一样努力的孩子们。这，是一种爱心的接力。

今天一大早我就去布置会场了，为的是可以尽一份微薄之力。我和大家忙了一上午，终于看到了一个像样的会场。当唐妈妈和陈叔叔步入会议室时，全场60名成员唱起了《感恩的心》，两位老人潸然泪下。会议开始后，当我淡定地用英文作完了自我介绍后，唐妈妈竖起了大拇指，全场掌声一片。只是希望可以给大家留下一个印象，大家以后可以互相关心。晚上的聚餐很是和谐，大家互相畅谈理想，彼此了解、熟悉了很多。活动即将结束，唐妈妈提议唱一首歌——《歌唱祖国》。这首歌听过唱过好多遍的，这一次，老人、老师和孩子们齐声歌唱，似乎有了不同的含义。我们知道了，走到哪里，都要记得祖国，记得回“家”，记得这个不断壮大的队伍。我与“白梅百花温馨家园”的渊源，才刚刚开始……

承德医学院护理系英语护理07级3班

牛思莹

2010年9月

5. 杨颖的信

Dear Mum,

Thank you so much for your sponsor. I'm greatly honored to receive such a scholarship. This prize is a reward for Me. At the same time, it adds the expectation and responsibility to Me.

I began to learn English since my middle school. From then on, I generated much interest in English. I was attracted by its pronunciation. Gradually, English became one of my advantages. This time, you give Me a big reward for my good English. But it's more than a gift that raises the interest and confidence.

How can I pay back?What should l do? There is no doubt that I should study harder. In the future I should become a useful person for the society. More over，I'll never forget your sponsor. Today, you sow seeds of love on my heart field, We will try our best to pass on the love, and we will help them fulfill their dreams just like you!

I have got what you said today! “Directions” “Belonging” “Responsibility” — I'll try my best to achieve it and not to let you down.

Wish you a good health. Happy every day!

Your daughter

承德医学院中医系08级中西医临床2班

杨颖

2010 年 9 月 9 日

6. 张哲的信

尊敬的唐妈妈，陈叔叔：你们好！

我叫张哲，是一个比较内敛的人，一些话，我当面说不出口，那么，就让我在这里向二老说几句心里话吧！我非常感谢！真的，这不是表面的话，我真的真的很感动。

我的家境不是太好，我也不会用花言巧语搞社会关系，我相貌平平。有时我感觉自己很渺小，感觉自己已经被遗忘。二老这充盈着爱的举动，使我感受到无比的温暖。

你们用切身行动告诉我，爱不是简单的几句问候，而是坚定不移地行动到底！我真的很感动，我加深了对爱的理解。同时，通过了解二老的经历，我只能用两个字表达：佩服！

我在一个单亲家庭中长大，有时我会感到孤单，但通过这次活动，我再也不会孤单，人世间真的充满了爱。今后我会更加努力，包括在生活的各个方面。

将来，如果允许的话，我会考研，到一个更高层次的平台去充实自己。我会踏踏实实地工作，老老实实地做人，把全部成果回报社会。同时，无论我将来是什么样子，我一定会把二老这份温暖的、沉甸甸的爱传承下去。

我真的很感动，谢谢二老，真的谢谢！我一定不会辜负二老的期望。

我没见过什么场面，也想不出更好的言辞，真的很感动。

祝二老：合家欢乐，福如东海，寿比南山！

再次祝二老：每天开开心心，快快乐乐，事事舒心。

承德医学院中医系中西医临床 09 级 3 班

张哲

2010 年 9 月 10 日

（三）承德诗人

2006 年 10 月 12 日，香港 76 岁高龄的唐盛玫妈妈和她的小学同学陈平教授第二次来承德医学院为 15 名学生颁发“百花奖学金”（资金 15000 元），在“百花奖学金”

颁奖大会上，唐妈妈对获奖同学的谆谆教诲和殷切希望令人感动，作此诗敬赠唐妈妈。

情义无价

慈祥妈妈献爱心，百花奖金助贫困。
千里迢迢情无限，播洒雨露护花人。
善举义举净灵魂，情义无价铸精神。
谆谆教诲殷切切，树木定成大森林。

2007年10月24日，78岁高龄的香港唐盛玫女士——我们心中亲爱的唐妈妈，第三次来承德医学院为贫困优秀学生颁发“百花奖学金”。聆听唐妈妈的讲话，和唐妈妈亲切交谈，看到妈妈温柔美丽、神采奕奕，特作小诗以表感动之情，祝亲爱的唐妈妈生活幸福，开心快乐，健康长寿！

大爱无言

爱的天使赴塞北，山川增色地生辉。
恩泽承医众儿女，哺育杏林尽芳菲。
奖金有价情无限，妈妈教诲刻心间。

温柔巨人寄深意，百花盛开爱无言。

赵书云

2007年10月

2010年9月9日，81龄的唐妈妈、陈平教授千里迢迢再次来到承德医学院。妈妈神采奕奕，神情健朗，美丽依然。她亲自为25名学生颁发了“百花奖学金”，还做了涵义深刻的讲话，话语之间流露出大爱的光芒。两位老人的壮举深深地感动着所有的承医人。我为妈妈的大爱一次次感动着，我敬佩妈妈，为妈妈自豪！让我深情地说一声：敬爱的妈妈，我爱您！

感动感激

妈妈播爱杏林苑，百花盛开香满园。

谁信八旬征万里，谆谆教诲寄深言。

学子含泪盟誓愿，方向责任刻心田。

扶贫济弱传美德，温馨家园遍人间。

赵书云（承德医科大学宣传部部长）

2010年9月9日

八、生病和慰问

（一）唐妈妈病重

唐妈妈病重的消息，在2010年11月的《家园快讯》向“家园”成员和获得奖学金的学生首次公开。

亲爱的同学们：

我怀着极沉重的心情给你们写这封信。这是一封我不愿意写但又不能不写的信。因为，你们都是“白梅百花温馨家园”的好孩子，都是唐妈妈家庭的儿女，也可以说是我的弟弟妹妹。

约两星期前，我在悉尼收到妹妹从多伦多发来的电邮，得悉两天前妈妈晕倒在街上，路人见状便找了救护车送她到医院，经过检查并留院一晚观察，找不到什么原因，把妈妈便回了家。她回家后，我妹妹曾和她通过电话，谈了很久。妹妹觉得她一切正常，便通过电邮叫我不用担心。

收到电邮后，我便立即打电话到家。打电话的当天晚上，我父亲告诉我说妈妈一天都在昏睡，亦不愿意说话。我的心马上一沉，觉得事态严重。我尝试着和妈妈通话，但她不能说话，我立即要求父亲马上送妈妈到医院。

在医院观察了一晚，10月30日我父亲来电话，我才知道妈妈情况有了好转，亦开始说话了，我们都放心了很多。

想不到过了一天，早上医院来电话通知说妈妈的情况突然恶化，要家人马上到医院来。这时妈妈已进入昏迷状态，手脚的反应亦开始消失。接到这个突然的消息，我和太太，我妹妹、妹夫都决定分别从澳洲和加拿大回港，急切地希望见到妈妈苏醒。

妈妈进入医院后到今天已昏迷两个星期了，状态从垂危转到较稳定，但她还未苏醒。脑科专家已证实，因血压高及血管狭窄，她大脑一边的血管大量出血已极严重地影响到右脑，日后复原的机会极微。

在这两星期中，我家接到大量国内外亲友的电话问候和关心。我们家三兄弟和妹妹轮班守候在妈妈身旁，和她说话，替她按摩，给她播放她喜欢听的音乐，给她念“白梅百花温馨家园”同学们的信。近几天，我们觉得她的情况有了一些好转。但残酷的现实是妈妈可能不会再苏醒，即使能醒来，身体的很多功能比如说话和四肢活动等功能都可能受到极大影响。在这一时刻，还没有人能知道妈妈的情况是否会好转，抑或一直维持现状。我们每个人心里都希望奇迹出现。有生命就有希望。

也许唯一的安慰是当我要离开妈妈返回澳洲的那一天，她的样子十分安详，气息也很平和，就像熟睡的孩子。因此，希望是有的，我们一定要尝试每一种可能会令她的病情得到好转的方法。

郑二哥（郑伟平 Patrick）于悉尼

2010 年 11 月 13 日

（陈平按）几天来，我们不断接到唐妈妈亲属的来电告知唐妈妈的病情。

现在这期《家园快讯》发表郑二哥（Patrick）的来信，

也以此正式向全体“家园”的朋友们宣布这个不幸的消息。虽然这是我们大家最不愿意听到的消息，但现实情况如此我们必须面对。不过，正如郑二哥（Patrick）来信所说，总体上，当前唐妈妈基本上“已从垂危转到较稳定。但她还未恢复清醒。……三兄弟和妹妹轮班守候在妈妈身旁，和她说话，替她按摩，给她播放她喜欢听的音乐，给她念‘白梅百花温馨家园’的同学们的信……”可见，希望还是有的。据那天郝丽女士(郑二哥 Patrick 的夫人)电话上对我说：“我们守候在她床边，有时问她如果你听到我的声音、认识我是谁就动动你的手指或脚趾……我们很高兴，有时她还是能正确做出反应的……”因此绝不能说她已完全丧失了意识，而且在她床边播放她所关心的人的消息、录音，播放她喜欢的音乐，将会有助于她的苏醒。因此，我们欢迎“家园”的朋友们给亲爱的唐妈妈来信，向她讲述你的情况，我们可以读给她听。你也可以直接把你的录音寄来，我们可以直接向她播放。为了方便起见，可以都先寄到陈叔叔的邮箱：chen pingl9280823@vip.163.com，每天由陈叔叔打包转给唐妈妈的家人。

（二）来自师生的慰问信（部分）

（按来信时间整理）

1. 赵书云老师（承德医学院党委宣传部部长）

亲爱的唐妈妈：

得知您生病的消息，心中万分焦急、难过，不知怎样才能帮助您渡过难关。在我心中，唐妈妈是世界上最可爱、最活泼、最慈祥、最有爱心、最坚强的妈妈！想起您千里迢迢来到我校为特困学生颁发“百花奖学金”的激动人心的情景；想起每次妈妈都给我带来传递爱意的礼物；想起妈妈为学生所作的高屋建瓴、充满哲理的讲话；想起妈妈茶余饭后的谈笑风生，心中万分感慨！是您每次光临，都激发我浓浓的诗意，已经为您做了三首诗，还要写第四首、第五首、第六首……总之我要用我的诗表达对您的崇敬与热爱！

妈妈一定是太累太疲劳了，想多休息几天，可是当您听到我的呼唤时，您一定要醒来看看我泪流满面的样子！妈妈，我爱您！

女儿：赵书云

2010年11月19日

2. 张喜萍老师（承德医学院学生处老师）

亲爱的唐妈妈：

我是张喜萍，河北承德医学院学生处的张喜萍，您还记得我吗？您叫我张小姐的。我的儿子您也见过的，他长得高高的、瘦瘦的，每次您都会带礼物给他，他也记得香港的那位慈祥可亲的唐奶奶。我儿子现在在新加坡读中学，这个您也是知道的！当时您说真的为我高兴。

唐妈妈，听说您生病了，我想大概是您太累了，想要休息休息，古稀高龄还要关爱那么多的孩子，您一定是累了。不过等您休息好了一定要康复如初，还给我们最初的那张慈祥的笑脸和那些温柔坚定的话语，好吗？还有，妈妈，还记得我们两个人在承德德汇门宾馆的两次谈话吗？我们谈了很多，也谈得很深。自从您了解了我的生活经历就对我格外关心，您的关爱让我倍感温暖，也更加坚强、坚定。妈妈，还记得吗？您还说愿意帮我的儿子争取到澳大利亚去读书。您关心着那么多的人，有太多的人需要您！所以，您一定要尽快醒来，不要躺得太久。等您好些了，我们学校还准备组团去香港看您呢！您可不能失言哟！

唐妈妈，我们说定了，快快醒来，我们去看您！说话算数哟！我还会写信给您的。

爱您的张喜萍

2010 年 11 月 19 日

3. 来自"家园"学生邢兰花的信

亲爱的唐妈妈：

我是您的孩子邢兰花，昨晚很晚回到宿舍得知您病了，我哭了！

唐妈妈，您要赶快醒过来，睡了许久了，应该起床活动活动筋骨了，您能用心感应到我在呼喊您吗？唐妈妈，我爱您!!!如果说我的母亲给了我生命，那您是我的另外一位母亲，您给了我希望：让我生活下去、奋斗下去的希望。是您在我心灵岌岌可危趋于扭曲的时刻，让我感知人间自有温情在，生活是美好的，未来是灿烂的。唐妈妈，我不要您睡觉了，您快醒过来，快起床，今年北方的冬天特别温暖，我想您应该来这里活动活动。

唐妈妈，我下面的话本打算等我实现后再跟您促膝长谈的，现在我就迫不及待地想告诉您。从小我就是一个缺乏爱与温暖的孩子，家境不太好，以致于成长的历程坎坎坷坷。在承德上大学时，因承受不住来自各方面的压力，而我又给自己强加压力让自己变得更强，直到有一天，同学们都说我心理有些不正常。我总是在害怕，感觉没有人爱我，没有人关心我，没有人喜欢我，我觉得自己是世界上最可怜的人，但我依然拼命地打工自立，拼命地学习让自己足够优秀，希望有一天让家人不再受人欺辱。我从不跟任何人谈心，因为他们让我感到恐惧害怕。就在那个时刻，在我承受不住面对的一切的时候，是您——唐妈妈出现了。原来在我的世界之外还有那样温暖的一片天空和一个温暖的“家园”存在，温暖洋溢着我这颗冰冷的心，让我看到外面的世界很精彩；让我看到“家园”的学长经历磨难、努力后，前景都很美好；让我感觉到爱和温暖的存在，但需要我用正确的人生观、价值观去感触。记得有一次陈叔叔打电话到我家，我父亲接的电话，当听到陈叔叔关切地问起我父亲家里的情况时，我父亲哭了（这是父亲后来告诉我的），您把爱不止施撒到我们每一个孩子的身上和心中，也渗透着我们的家人。

唐妈妈，从那以后，我开始正确地看待生活，对待学业，沉着地审视身边的一切。慢慢地我开始了真正属于自己的健康地成长历程！大专三年后我顺利考上河北医科大学的本科，父亲得知消息后哭了。我懂那代表着什么（我是他们的希望，是他们能在村里面抬起头来的印迹）。明年我就要本科毕业了！现在正在备考研究生。我报的是南京医科大学的肿瘤专业，我很努力，每天不睡觉都感觉时间不够用，我一定要以好的成绩考上研究生，因为我有很多重要的事情要做。报答父母亲肯定是不必说的。另外一件事情就是有一天我要去香港看望您。唐妈妈，从我进入“家园”后我就给自己规划好以后的人生，我要从北方一步步往南方考学，在求学和工作的途中慢慢靠近唐妈妈，那样我就有能力去看望您。还希望有一天自己有足够能力时，在唐妈妈的指引下去国外深造，将来回国为自己的同胞奉献自己的医学技能。唐妈妈让我知道有个“医疗火车”，专门为贫穷地方的人们治疗眼病（白内障）。我的眼睛不好，心中有一个梦，有一天即便我成不了那辆火车里面的一名医生，我也要支援那辆火车。现在咱们国家有一艘“和平方舟”，为世界各地送去医疗，他们都和唐妈妈一样在把爱撒向国土与世界的每一个角落，每一个需要的人。作为一名未来的医生，我总认为，将来我也要把所学到的医疗技术献给每一处需要的地方和每一个人，这是唐妈妈教会我的。等以后我足够强大了，我还要让整个中国甚至整个世界都知道，曾经有那么一个人，一个很普通的女性，在不经意间改变了一个小女孩的命运，那个人就是您——唐妈妈！“南丁·格尔誓言”引领着护理学业的天使；“希波克拉底誓言”指引着临床专业的白衣战士；“唐盛玫女士的誓言”正在渗透着我们每一个幼稚的心。我们需要您来为我们点燃那座灯塔上面的启明灯，为我们指引征程！您要亲眼看着我们一个个茁壮成长，看着我们战果累累。等到我们成功的那一天，我们来相聚，让世人知道在我们这些成功孩子的背后有一位平凡而伟大的老人——唐妈妈！所以，唐妈妈，您快醒过来，我们需要您，想看见您再次站在我们面前，与我们谈论人生，为迷失方向的我们指点迷津！唐妈妈，您快醒来，我们都在呼喊您!!! 虽然我们都没有在您的身边，但我们的心随着这封信跨越千山万水飞到您的身边！

唐妈妈，告诉您一个好消息，上学期我获得了三等“百花奖学金”。

另外，刚刚过去的成人专升本考试中，有一个人要去报考，要我帮助他，我帮助了他，他考上了，说明你的孩子学业进步了，很优秀！听到这些，你笑了吗？

唐妈妈，您快醒来，我需要您看着我考上研究生，再有一个多月我就上考场了，我需要您来给我鼓劲加油！

唐妈妈，您快醒来，我要您看着我踏上成功的平台，看着我成为一名优秀的医生！

唐妈妈，您快醒来，我要您现在在香港就做好准备，准备迎接成功后去看望您的我！

唐妈妈，您快醒来，我们都是医学出身，病魔并不可怕，只要我们意志坚定，永不言弃，没有我们战胜不了的困难！唐妈妈，为了不让我们担心，您要快快醒来，让我们通过视频或者微博再次看见您的微笑！

郑二哥，昨晚我学习到深夜，回到宿舍看到短信得知唐妈妈病了，我的心情异常的沉重。今天来到网吧，看完你信中对唐妈妈病情的描述，我哭着写完这封信。你我都是她的孩子，我想她赶紧好起来，想她看着我成功！我来自农村，没见过世面，但唐妈妈却给我打开了一扇看世界的窗户。我们需要她，需要随时都能看见她对我们微笑！我不太善于表达自己的心灵，希望上面讲述的我一直以来的人生规划和奋斗的目标以及因想见唐妈妈而引导着我努力学习步步南下的梦想能唤醒唐妈妈!!! 因为不能录音，我特地下载了歌曲《烛光里的妈妈》给唐妈妈听，还有《祈祷》，郑二哥，你要告诉唐妈妈，我们在为她祈祷！

“家园”的孩子：邢兰花

2010 年 11 月 20 日

4. 来自“家园”学生李俊亮的祝福

陈叔叔：您好！

好久没有上网了，一直没有看到您给我发的邮件和 QQ 上面的信息。今天上网，听到了唐妈妈病了的消息，心情好沉重，我为什么这几天没能上网看看呢？为什么就知道工作而疏漏了和“家园”的联系呢？

我好自责。

我10月3日结婚了，本来是想把我的结婚消息和结婚的照片早点给您发过去，让你们看看，为您在内蒙古的孩子高兴一下，而今天听到这样的消息，我好难过。

亲爱的唐妈妈，在网上看到您今年来呼和浩特的照片，依然是那样的矍铄，满脸的慈祥，会心的微笑，我真是高兴极了，因为妈妈的健康就是我们子女们最大的幸福。

唐妈妈，我就是您常常挂念的“草原王子”李俊亮，这个称号还是您给起的呢。现在我的研究生学习已经完成了，在内蒙古包钢医院工作。我于今年10月3日已经结婚了，没有把这个好消息及时地告诉您，您可不要怪我呀！您还没有见我的婚纱照呢？我给您发过去，您一定要睁开眼睛看看，您是我的好妈妈，我相信您一定会看的，因为以前您见的是未过门的儿媳妇，现在她是咱家真真的儿媳妇了，您还没有喝我们的喜酒、吃我们的喜糖呢，没有给我们送上祝福呢！作为妈妈，这事情，您一定要办到。

您的儿媳妇挺有出息的，2005年和我一起考上公务员，她分配到内蒙古乌兰察布市水利局，现在又通过国家公务员考试到包头银监局工作，上班快半年了，工作挺好的，每当我俩一起看“家园”的信息及照片时，她总说有这样的大家庭是我的福气。

唐妈妈，您还记得吗？去年，您、陈叔叔、郑二哥和嫂子一块儿来包头的时候，郑二哥在一机医院办了一个特别精彩的讲座，为了怕您累着，把您先安排在宾馆休息一会儿。等讲座快结束的时候，我们去接您吃晚饭，到了您休息的地方怎么也找不到您了，您不知道当时把我们急成什么样了，楼上楼下找了好几圈，就是没有找到，谁知道您一个人悄悄地去听郑二哥的讲座了，让我们虚惊一场，让我们的陈叔叔也跟着着急，都是老同学了，这样地让老同学担心，不行，作为子女的都看不下去了。您快点醒来，给我们陈叔叔道歉，必须道歉！

这么多“家园”的孩子，个个都有坎坷的经历，在你们的帮助下，我们都坚强地走过来了，现在轮到您了，您一直是我们学习的榜样，这么多的孩子都在看着您呢，您可要把榜样给我们树立下去哟！我们也相信您一定会的，妈妈加油！

先和您说到这里，留点过几天再和您说。

加油唐妈妈，一定要看我的结婚照片。愿妈妈早日康复！

李俊亮

2010 年 11 月 22 日

5. 来自丁然的信（丁然，承德护理职业学院 05 高专护理专业，2008 年毕业）

亲爱的唐妈妈：

您好！我是在北京工作的白衣天使、“小美女”——丁然。您一定还记得我。您给我取了个好听又好记的名字“叮……咚”。我非常喜欢您给我取的这个名字。唐妈妈，您在我心里可爱、可亲，我真的好爱您！韩倩玲，也就是您所谓的“沙特阿拉伯”，我们两个人第一时间从陈叔叔那里听到了您病倒的消息。我们知道后很难过。现在我们都很担心您，也很惦记您。我们唯一希望的就是您的病情能够很快地得到好转，我们期待着奇迹早日出现。

还记得 2007 年 10 月，是我和“沙特阿拉伯”两个人荣获“白梅奖学金”的日子。您给我们留下了难忘的美好印象。在我的生活中，您是唯美的一位知识女性。您是那么“beautiful”，那么“gentle”，给我和我们这些获奖的同学带来一种美丽的、永恒的向往。我们向往成为像您一样美丽的、博爱的知识女性。

唐妈妈，毕业到现在我已经工作两年了，成长了许多。有时候幸运的事是一种“相遇”。而我的这个“相遇”恰恰是遇到了您，因为我和您的这份“相遇”启迪了善良、单纯的我。在我的心里有一个美丽的追求，那就是成为一个像您一样的女人。再过一些年后，我会获得更大的成绩：工作方面，我已经成为医护队伍里面的“佼佼者”；家庭方面，有了自己美满的家庭；在“家园”的建设方面，我成了新同学的大姐姐，为“家园”做更多有意义的事情。“叮……咚”，我热切地希望您早日康复。

承德学校、内蒙古学校的领导和老师们以及“家园”的孩子们在为您祈祷。上帝会保佑您的，帮您从病魔中顺利地渡过来。您一定会早日好起来的！我们还期待着看到唐妈妈您的传记呢！这是您的一个美丽的想法。从您的传记中我们还会受到更多的启迪，让我们更多地了解我们的唐妈妈，我们会向您学习：热爱自己的祖国，在自己的岗位上勤勤恳恳；在家庭里疼爱家人，有一个美好的人生。

女儿：丁然

2010年11月19日

6. 来自胡建华的信（胡建华，内蒙古工业大学化工学院99–2班，2003年毕业）

唐妈妈：您好！

我是胡建华，自从上次一别也没有和您联系。最近得到的消息却是您病倒了，我很担心您，也很难受，我想“家园”里的每一个孩子听到这个消息心情都是一样的，希望尽自己的最大力量来帮助您，也祈求上天保佑您早日康复。唐妈妈，您还记得上次来呼和浩特的情形吗？我带我家孩子去看您，您把我家姑娘当作男孩，还夸她是个小帅哥，长大后一定会有好多小姑娘喜欢她。当时她在房间里跑来跑去，您又是唱歌又是跳舞想吸引她的注意力。我记得当时您还说，你好幸运啊，不是每个人都有机会看到唐妈妈唱歌跳舞的。我让我姑娘叫“奶奶”，她也不会说。上次见面时您还说您一直在坚持游泳，希望明年的这个时候还可以到呼和浩特来和大家见面，看我家姑娘跳舞，听她唱歌，听她叫您奶奶，唐妈妈，您还都记得吗？我们期待您快快好起来，能够再次唱歌跳舞，再次相见。唐妈妈，您如果听到我们的呼唤就快快好起来吧，我们都很想念您。

儿子：胡建华

2010 年 11 月 19 日

7. 来自鲁明星的信（鲁明星，内蒙古工业大学职业技术学院自动化 04–1 班，2007 年毕业）

唐妈妈：您好！

我是鲁明星，10 月 21 日，我和爱人齐前在呼和浩特名岳岛酒店与您和陈叔叔及“家园”里的兄弟姐妹一起共进晚餐，您对我们结婚的祝福让我们备受感动。临行前，您还精心为我们准备了礼物……我们都非常喜欢、高兴、感动！您对“家园”儿女如此至爱至深，我们会永远铭记这份真情！

在得知您患病的消息后，我和齐前都非常担心、非常牵挂，但我们无法到您的床边探望，只能通过邮件来表达我们的祝福，请您原谅！

我相信人定胜天，更相信好人会有好报！您身为一个公益家园的缔造者、爱与温暖的散播者，老天爷一定能够感受到您及所有“家园”儿女爱的力量，让我们这些围绕在您身边的孩子继续享受您温暖的怀抱，在您的关注、指导下，将您的爱一代代地传承下去！大爱无疆，您不求回报，只愿资助更多有着读书梦想的孩子……是您让我们懂得了世间自有真情在的道理！唐妈妈，请您一定要保重身体，千万不能再为我们操劳了。如今，当年的读书娃们也一批批地成长起来了，我们一定会让爱继续下去，好让您安心养病！唐妈妈您一定会好起来的，我们都期待着明年能与您再次相聚在草原青城——呼和浩特！

祝您安康！

爱您的孩子：鲁明星、齐前

2010 年 11 月 19 日

8. 来自史长华的信（承德医学院 2003 年临床医学本科 10 班，2008 年毕业）

唐妈妈：您好！

刚刚看到您生病的消息，我恨不得一下子飞到您身边，去照顾您，去陪伴您，去唤醒您！没有想到事情来得这么突然，脑中一直浮现您来承德医学院给我们讲“人要有追求，有诚信，有韧性”的情景，您、陈叔叔和我一起去承德护理职业学院颁奖的点点滴滴。那天下午，您特意换上了黄色长款的短袖，抹了淡淡的口红，看上去精神极了。我第一次强烈地感受到80岁女人的魅力，它不仅仅是美丽，而且是由内到外散发出的独特的感染力和精神活力，所以我心情也格外的好，不知道您是不是这样呢！那天记忆深刻的一件事是电梯出了故障，我们陪您一起上到五楼。五楼对于年轻人来说都是费劲的，甭说您已是80高龄了，所以我心里一直心疼您，怕您太劳累身体吃不消，可是没想到您却没有表现出丝毫的疲惫感。颁奖会后，您很高兴，倾听了学院学生们的故事，作为观众的我，吃惊于这些孩子坚强的毅力以及对英语学习的热爱，她们流利的英语让我感到自愧不如，我看出您喜欢她们，喜欢她们用英语和您交流，其实我也很喜欢，喜欢您和我们坐在一起讨论问题，因为我们是一家人，您是我们的唐妈妈，认真、可敬的唐妈妈。之后的一切都很顺利，第二天，我们举行了联欢会，晚上我们聚餐，您坐在我们旁边，听我们讲述自己的故事，虽然稍显疲倦，可是您一直坚持着，并让我记录着发言同学的名字、家庭情况等等。最让我值得学习的是，您不辞辛苦地检查记录的完整性和正确性。您的严谨超出了我的想象，我知道您这是对“家园”的负责，对孩子的关心，心中油然升起对您的敬佩之情。聚餐在《歌唱祖国》的歌声中结束。

由于自己的一些事，没有每时每刻地陪伴您，但在与您相处的时间里，我学到了很多很多，您的一举一动深深地印在了我的脑子里，所以我相信您一定会醒来，会和我们再见面，因为上帝会听到您的孩子为您祈祷的声音，这个声音遍布在祖国的大江南北，回荡在我们的心中。唐妈妈，您要醒来，您要好起来，我们还有很多的好消息要告诉您！

最后，我衷心地祝福您，唐妈妈，祝您身体早日康复!!!

您的孩子：史长华

2010年11月19日

9. 来自苏丽娜的信（苏丽娜，内蒙古工业大学外语学院外语 04–1 班，2008 年毕业）

亲爱的唐妈妈：您好！

我是内蒙古工业大学第十届“白梅、百花奖学金”优秀英语学生奖学金的获得者、您的孩子——苏丽娜。不知道您还记得我吗？

听到您患病的消息，我非常震惊，也非常痛心，一时间百感交集，和您相聚的情形在眼前一幕幕重演。好像昨天，您还把标有奖学金的牌子颁发给我，笑盈盈地和我握手；好像昨天，您还和我们座谈，鼓励我们学习，给我们指明人生的方向；好像昨天，您还步履轻盈地参观我们的校园和教学设施……突然间，您就生病了……望着合影中您慈祥的笑容，眼泪就簌簌地滴落下来……

唐妈妈，您太辛苦了，为了我们的“家园”，您奔走于大江南北，华夏内外，这么多年了，您为每一个需要帮助的“家园”的孩子伸出援助之手，给予我们经济上的帮助，精神上的支持，而自己却永远是朴素的、节俭的。您每年一次飞往呼和浩特和承德的行程，需要耗费您多少体力？您为我们粘贴的一本本厚厚的剪报，需要花费您多少精力？您为“家园”的孩子们的学习、身体、家庭、前途操了好多心，花费了多少心血！唐妈妈，您辛苦了，您真的太辛苦了，您听得到吗？谢谢您，太谢谢您了，谢谢您为我们付出的一切！

唐妈妈，加油！加油啊！您那么坚强，一定要快快好起来啊！您的儿女们都爱您、需要您啊！唐妈妈，我2011年5月21日在包头结婚，到时我还想请您来做我的特别嘉宾呢！我相信，有您的祝福，我会幸福一生的！唐妈妈，拜托您，拜托您快点好起来吧，为了爱您的儿女们，为了您爱的“家园”，为了您和我2011年的约定，唐妈妈，加油！我等着您痊愈的好消息！

唐妈妈，今天先聊到这儿了，过两天我再给您写信，希望到时候您就能自己读我的信了，我爱您，唐妈妈。

您的女儿：苏丽娜

2010年11月19日夜

亲爱的唐妈妈：

您好！

您最近感觉好点了吗？不知道上次我寄给您的信

您收到没有。在上次的信里我答应再给您写信的，但是由于最近工作确实很忙，从进入12月份到今天，我已经大大小小写了10份材料了，几乎每天都在加班、写材料，很想给您写信的，很想让您再次听到我的心声，回忆起我。虽然很忙，但来自陈叔叔的每一封《家园快讯》我都会仔细地阅读，了解您的恢复情况。从您能够动动手指，到睁开眼睛，再到您能对护士的询问做出反应，这对于我来说都是非常值得高兴的事情，而得到您消息的每一天都是值得纪念的日子。唐妈妈，您一定要知道您在我心中的地位，是您在我的人生旅途中给了我方向；是您让我学会了什么是善良，如何去感恩；是您用您的爱心温暖了我们每一个“家园”的孩子。唐妈妈，您是我们的精神支柱，所以，唐妈妈您一定要加油！您一定要努力地好起来，“家园”的每一个孩子的心都牵挂着您，不管我们身在何处，您永远是我们心中的净土！唐妈妈，快点醒来啊！我们都盼望着您再次微笑着出现在我们面前的时候！

唐妈妈，今天就先聊到这里吧！改天我再给您写信！请您一定要好起来！

我爱您，唐妈妈！

您的孩子：苏丽娜

2010 年 12 月 16 日

10. 来自王建忠的信（王建忠，内蒙古工业大学材料学院材 99–3 班，2003 年毕业）

唐妈妈：

您好！

我是王建忠，原在北京科技大学攻读博士学位，于今年 1 月份顺利毕业，拿到了梦寐以求的博士学位！唐妈妈，听到您生病的消息，我心情非常沉重，至今不相信这是真的，也不愿去相信。在我的印象中，您的身体一直很好，脑海中一直呈现出您矫健的身姿和爽朗的笑声。如今您生病了，我们焦急万分，希望您能尽快地好起来，早日康复。期待明年、后年、大后年……在呼和浩特和承德再见到您，我们还有好多好多话要和您唠，还有好多好多开心事要向您汇报。

唐妈妈，我现在在国家三大有色研究院之一的西北有色金属研究院工作，单位位于陕西省西安市。我来单位已经七个月了，主要从事科研工作，每天主要的工作就是看资料、做实验、写报告。工作和学校生活有很大差别，需要学习很多新知识，现在我基本上已经适应了新的工作岗位。唐妈妈，我在单位一边工作，一边在博士后工作站工作，2012 年 7 月份出站。

唐妈妈，告诉您一个好消息，我现在正在负责一个 1300 万的国家重大科技成果转化项目，项目运行期为三年，2012 年年底验收。唐妈妈请您放心，我会努力把工作做好，不辜负您、陈叔叔、郑二哥以及所有为“家园”付出辛勤劳动和汗水的好心人的期望。唐妈妈，我来单位的第一篇文章已经被学术期刊录用，现在正在准备另外两篇文章(一篇为英文)，计划年底前完成。

唐妈妈，我已经在西安买了房子(95 平方米)，而且也已结婚，准备在西安扎根了。唐妈妈，愿您早日康复，来西安旅游，西北地区还有您好几个儿女，我们都期待您来西北旅游，来看望我们。

唐妈妈，儿子祝愿您早日康复，期待尽早再次见到您，听到您爽朗的笑声！

唐妈妈，儿子在祖国遥远的西北地区为您祝福！

您的儿子：王建忠

2010 年 11 月 20 日

11. 来自肖士军的信（内蒙古工业大学机械系机 96–1 班，2000 年毕业）

亲爱的唐妈妈：您好！

今天上班的间隙打开邮箱，得到了您患病的消息，心情非常沉重，泪水禁不住模糊了双眼。无法相信这个事实，不能接受这样的消息，但是，事情已经发生了，我们要积极地面对，您一定要选择和我们一起，必须坚强，我想只要我们一起努力，加油，我们终将会胜利的！相信吧，唐妈妈。往事一幕幕，尽在眼帘，好像就在昨天……

还记得那是在 1999 年秋风瑟瑟的日子，我有幸成为第一届“白梅奖学金”的获得者。从此，您走进了我们的生活，生命里多了别样的温暖和牵挂。是您给了我们慷慨的资助，让我们体会到了温暖；更是您给了我们无私的爱，让我们学会了做人要懂得去爱；也曾迷茫，也曾不听话，也曾懒惰；可是每次与您见面，听您谈话，我都会被您的大爱深深地感动，同时更为您的精神所折服；有时候，也会在某些事情上纠结，可是和您交谈后，一切就会烟消云散。

还记得我爱人张莲吗？她在北京一所中学教书，

依然在忙碌，早出晚归；几次北京相聚，她都因为补课没能参加，您总是挂念她。当她听到了您生病的消息，一样的难以接受。她也想通过我向您表达问候。唐妈妈，您一定要坚强，这个时候尤其重要，只要我们大家共同努力，困难将会过去，加油！

还记得吗？我的儿子肖靖轩现在已经三岁多了，上次北京聚会晚宴，还给您咿呀学唱来着，你还记得吗？那次宴会回来后，他还经常拿起您送的小礼物，询问唐奶奶去哪里了？现在他已经上幼儿园四个月了，已经会唱好几首儿歌了，比以前有很大进步。

我的近况，已经晋升为高级工程师，通过了在职研究生工程硕士 OCT 考试，现在还在中国农业机械化科学研究院做技术工作，工作比较稳定，可以多抽时间照顾家里。

儿子：肖士军

2011 年 11 月 19 日

12. 来自谢敏的信（谢敏，内蒙古医学院药学院中药学 04 级，2008 年毕业）

唐妈妈，我亲爱的妈妈：

您现在好点了吗？您能听到我们想念您的心声吗？您快醒来吧！我在跟您说话，您一定可以听到吧！

唐妈妈，我是谢敏，2008年毕业于内蒙古医学院。2007年10月我认识了您。您那样慈祥可亲，虽然后来再没有机会见到您，但您的一切深深地刻在了我的脑海里！我现在在河北医科大学读硕士研究生，专业是中药学，明年6月就毕业。现在我的论文课题刚刚结束，做了一年半，很不顺利，但在我的努力下，也小有成果。您听到这一切很高兴吧！看到“家园”里的孩子都那么努力，那么优秀，我不敢落后啊！马上面临找工作，我打算回内蒙古，因为我男朋友的工作定在了乌海市，他今年考的公务员，在公安局！

对我来说，今天是个不幸的日子，下午正在听报告，接到陈叔叔的短信，得知您10月26日就病了，到今天已经过去20多天了。当时那种感觉无法用语言来表达。但我相信，您一定会好起来的，因为您舍不得让我们难过，对吧！我们“家园”需要您，是您把我们700多个人聚在了一起，您是我们心中的依靠。我们“家园”有您才有更多的爱，您是我们700多人的母亲，您的这个位置是无人可替代的！我们“家园”好比是一棵葡萄树，而您就是主干，内蒙古医学院、内蒙古工业大学、承德医学院、承德护理职业学院就像四个分支，而我们就是这分支上的葡萄。唐妈妈，快点醒来吧，“家园”的孩子们有好多话要跟您讲！

唐妈妈，我想请求您答应我一件事好吗？那就是您一定要彻底打败病魔，重新站起来！

等您的好消息！唐妈妈，一定要站起来！想您，爱您！

女儿：谢敏

2010年11月19日

13. 来自杨颖的信（杨颖，承德医学院中医系中西医临床08级2班，2013年毕业）

亲爱的唐妈妈：

我是来自承德医学院的女儿杨颖。那个给您说“Thank you for your sponsor”的女儿。第一次见面之前，想象着您和陈叔叔的样子，但怎样想都没有第一眼见的那样真实。两位和蔼可亲的老人，来给他们的孩子开家庭聚会，既兴奋又感动。另一方面，特别佩服您和陈叔叔对人生和生活的信念，怀着慈悲和大爱的心情，用尽全身解数帮助更多的年轻人实现读书的梦想。即便是万里之外的尚未谋面的孩子，虽然是八旬高龄的年纪也要亲力而为，为的只是给这些孩子们物质和精神上的鼓励。记得您在那次家庭聚会上给我们提了四条要求："sense of direction，responsibility，integrity and belonging"。您告诉我们，无论做什么都要有方向，只有有了方向才会朝着它努力奋斗，才会成功。责任感体现在生活的各个方面，但作为一个医学生，您告诉我们要勤劳、负责，对病人要像对自己的亲人一样；还要坚持，有耐心。在说到归属感的时候，您说应该时刻明白我们不只是代表自己，在社会中我们代表的就是学校、医院；有时候我们代表的是中国。做什么事都要对得起自己的国家。是的，我们会踏实做人的，请您放心。在随后的交流里面，您给我们举了一个例子，是前沿医学知识。是个同时换肝和心脏的例子，鼓励我们努力掌握知识，培养自己的技能。那时最触动我的是您的与时俱进的思想，非常令人佩服，一个本应安享晚年的老人仍然在关注着她事业里最先进的知识，不让自己落伍。您给我们树立了很好的榜样，无论是事业还是做人。您在我们心里撒下了大爱的种子，总有一天，她会生根、发芽，长成参天大树。遇见您是我们一生的幸福。

在我们心中，您和蔼可亲，您有大爱。俗话说好人一生平安，相信您一定可以渡过这个难关。您还很自强，所以在这场和病魔的斗争里，相信您会一如既往地获得成功的。唐妈妈，加油，加油，加油！有我们这群孩子陪着您一起努力，团结就是力量，成功就在不远处等着我们呢，让我们携手一起努力！

女儿：杨颖

2010 年 11 月 19 日

14. 来自衣春的信（衣春，承德医学院护理系护理本科 08 级 2 班，2013 年毕业）

亲爱的唐妈妈：您好！

我不能在您身边，我知道您只是最近劳累，想多睡一会儿。希望您睡的时间不要太长，我们都在等您快快醒过来呢，因为我盼望着看见您那慈祥的笑脸。我们这么多人的爱都在为您祈祷，希望您可以和我们说说话，听听我们的成长汇报，我们也要听您讲故事。您是慈祥的母亲，不会不理我们的，是不是？您看您都笑了！我们心里都暖融融的！

我们不曾在一起，但我的心一直牵挂着您。您离开承德后，我就一直把您的笑脸和温暖的手温存在我的生活中、学习中，我也变得坚强了。这份坚强是由唐妈妈所赐，因此我知道我的唐妈妈是最坚强的，您眨眨眼告诉我对不对？我知道您又笑了！

我们相隔万里，可是我的心寄存在您那里了，她悄悄地靠近您、靠近您、再靠近您，您感觉到了吗？她很温暖的，您动一动手指摸摸她好不好，这样我也可以知道您的爱为我留着呢！不要不理我好吗？您看您又笑了，笑我太调皮了，是不是？

可是您的梦太长了，我等不及让您赶紧醒来和我们分享，您快醒来好不好呢？不要让我急哭了好不好？

我也是学护理专业的，我想向您请教好多事情呢，您总要找时间和我谈谈，是吧？所以不要不理我，我等着您呢！如果我到了您的年龄并且有能力的话，我也要把母爱撒向祖国的五湖四海，让孩子们幸福地成长。我还要自豪地给他们讲唐奶奶的故事呢！

唐妈妈，我说了好多，我知道您都听见了，如果是的话，请您眨眨眼好不好？我会很开心很开心的！

我的心一直伴着您呢，做您的守护天使呢！

永远爱您的衣春——久久的爱，因为被您感动着。

女儿：衣春

2010年11月19日

15. 来自张学琴的信（张学琴，内蒙古工业大学能动学院交通02级，2006年毕业）

我亲爱的唐妈妈：您好！

我是学琴，现在在北京三一电气上班，听到您生病的消息，我就赶紧给陈叔叔打电话了解情况，您的病情一直都牵动着我的心，我邀好友们一起帮我为您祈祷，您一定要坚强地挺过这个时期。

在我们的“家园”里，我们都是不怕苦、不怕累、不怕疼、勇于面对各种困难的人，是您给了我们这样一个家庭，也是您给了我们更多的关爱。作为一位母亲，所有的孩子都是在您的臂膀和怀抱中不断成长，不断前进，克服一个又一个困难，生活才一步一步变得美好，所以作为母亲的您是不能倒下的，您要看着我们一个个地更有出息，更出人头地。作为儿女的我们的光彩，也同样映射着您的光芒。

我记得第一次见到您的时候，那是在内蒙古工业大学，您对我们说：“You should have a sense of direction.”我虽然外文不好，但是我却能明白并且清楚地记得您的这句话。我们都是从穷人家出来的孩子，从小各种苦都吃过，苦难并没有让我们退却，相反，正是我们经过了那些苦痛，所以我们比别人有更坚强的意志力。只要我们有了人生的“direction”，我们就会紧紧抓住这根攀登的绳索，努力地朝目标前进。其实道路是很崎岖的，也有痛苦和泪水，但是我们都不怕，因为我们心中有足够的力量，我们做好了准备，我们要和困难、痛苦作斗争，就如您和病魔作斗争一样，只要我们抓住信念不放，我们就有希望。

唐妈妈，您还记得您给我说过，内蒙古很好，是个很漂亮很舒服的地方，那里有美丽的草原，宽阔的牧马场，还有好多牛羊。您还记得您说过您喜欢这里的韭菜馅饼，您说很好吃。我还清晰地记得您吃韭菜馅饼时微笑的样子。

唐妈妈，我们都在遥远的北京盼望着您一点一点地好转，我们祝福、祈祷的灯盏一直为您而点亮，我们在期待您康复的消息，我们一直握着双手为您而守候着……

此致

敬礼！

您的女儿：张学琴

2010年11月20日

16. 来自李程程的信（李程程，内蒙古医科大学药学院药学专业，2012年毕业）

敬爱的唐妈妈：您好！

我是“家园”的李程程，在这里我首先要向您道歉，好久没有上网，您生病的消息我是刚刚知道的。我不是一个称职的女儿！

听到您生病的消息，真的感到难以置信，一个月前您还和我们在一起说笑，一起游戏，给我们讲人生的道理。我是一个缺乏安全感的人，是咱们的“家园”给了我归属感，知道只要大家在一起，什么困难都变得微不足道；我也开始一点一点地变得自信，开始让更多的阳光照进心底。那天我看到郑二哥发来的这个消息，我哭了，我很害怕，就像一个十分饥饿的女孩，有一个好心人给了她一个苹果，正在这个女孩享受着甘甜的时候，那个好心人又狠心地想抢回它。唐妈妈，您会吗？您那么好，狠不下心伤害我们的！为了您的这帮孩子，您一定要早点好起来！您要看着我们成长，看着我们走出校门，看着我们闯出自己的天地。告诉您一个好消息，我今年获得了二等“百花奖学金”。希望您听到这个消息后，会有一丝的欣慰，您的女儿正在努力，因为她不想辜负您的期望，希望几年后，您可以看到一个不一样的她！唐妈妈，求求您，快点好起来！

女儿：李程程

2010年11月21日

17. 来自孙礼的信（孙礼，内蒙古工业大学机械学院工业工程99级，2003年毕业）

亲爱的唐妈妈：您好！

我是“家园”成员孙礼，好久没有给您写信了。我已经毕业参加工作七年多了，已经成了家；小孩已三周岁，名字叫孙晓严，很活泼，很可爱，已经上幼儿园了。我的工作也不错，在一家大型企业从事管理工作，目前进入了干部序列。我们一家都很好，望唐妈妈不要挂念。

得知您生病的消息后，我和大家一样心情非常沉重。在“家园”每位成员遇到困难的时候，是您伸出援助之手，帮助我们解决燃眉之急，并鼓励我们在学习和工作中一定要鼓足勇气，面对现实，战胜困难。如今，“家园”里大部分成员已经顺利完成学业，走上了工作岗位，并且生活得很好，这一切都得益于您的鼓励和鞭策。这次您同样也遇到了不小的困难，“家园”的所有成员都为您鼓劲儿，相信您能够克服困难，战胜病魔。几百名“家园”成员期待着您的佳音，唐妈妈，加油！再加油！

您的孩子：孙礼

2010 年 11 月 22 日

18. 来自王波的信（王波，内蒙古工业大学能动学院交通 99 级，2003 年毕业）

亲爱的唐妈妈：您好！

您的身体好一些了吗？我是内蒙古工业大学毕业的王波，现在在长春向你们一家人问好！唐妈妈，你还记得八年前吗？您亲手送给我一份红包，鼓励我努力学习。当时，您跟我们在场的人讲到了要有感恩的意识（sense of thanks giving），而且不久在您的亲笔信中还提到要勇于向妈妈表达自己。感谢妈妈给我们的爱，这种爱是人世间最值得珍惜的爱。唐妈妈，我们爱您！永远爱您！如果您能听到我的话，就请您轻轻地动一下手指吧！

再有四天（11 月 25 日）就是感恩节了，在此，特向唐妈妈、郑叔叔一家，陈叔叔、老师和同学们送上我的祝福，像歌中唱的那样："好人一生平安！"

王波于长春

2010 年 11 月 21 日

19. 来自李晶老师、翟熙伟老师的信（内蒙古工业大学学生工作处处长）

亲爱的唐妈妈：您好！

今天一早，我们从 QQ 群里得知了您生病的消息，我们第一时间与陈平老师通话了解详细情况，得知您已有好转，正处于恢复期，我们的心才稍稍平静了一些。您可知道，这么多年，我们学生工作处每个人都已经把您当成了至亲至爱的亲人，关于您的每一个信息都牵动着我们的心。

亲爱的唐妈妈，作为朋友、晚辈，我们深深地敬重您，您温柔细腻又坚强勇敢，您纯真善良又睿智从容，您就是傲雪的白梅，这一次依然会迎风绽放。虽然我们远隔万里，但是我们的心一直和您在一起，我们的祝福一直和您在一起！

请您安心治疗，好好调养，您的健康是我们最大的心愿和幸福！

另，邢永明校长已经安排，近日将派专人到香港探望您，具体日程确定后我们将与您的家人联系。

祝您早日康复！

深深爱您的李晶、熙伟以及内蒙古工业大学学生工作处全体人员

2010年11月23日

20. 内蒙古工业大学邢永明校长、黄雅丽副校长的来信

尊敬的唐盛玫女士：

您好！

今日获悉您的病情，我们都很焦急，大家都在心里为您默默地祈祷和祝福，并想通过这封信表达我校

广大师生对您的问候。

唐女士，这一次您的病情来得很突然，希望您能够遵照医嘱，积极治疗，安心调养。您是护士，更懂得积极的心态对康复的重要性，您的身体素质好，又有着一颗那么坚强的心，一定会恢复健康的。

每一年的夏秋时节，您都会如约而至。您的每一次到来，都带给我们一缕发自心灵的梅花的芬芳，温暖而清新，悠远而绵长。圣洁的白梅已经把根深植于内蒙古工业大学的热土，盛开在内蒙古工业大学校园已有十余春秋，所有受到您资助与关爱的学子，所有被您的无私与爱心感动的人们都关心着您，惦念着您，也请您记得与美丽草原的约定。

祝您早日康复！并感谢您身边的医护人员、家人和朋友！

内蒙古工业大学校长　邢永明

内蒙古工业大学副校长　黄雅丽

2010 年 11 月 23 日

21. 来自李慧的信（李慧，内蒙古工业大学职业技术学院财务会计 03–1 班，2006 年毕业）

亲爱的、最爱的唐妈妈：您好！

今天您做了牵动您孩子们心的小动作了吗？那天收到郑大哥的来信我哭了，心很痛很痛。我的慈祥的唐妈妈现在躺在病床上，我不敢想象，也无法想象，我不相信，我不相信！有句话说："好人一生平安。"妈妈您一定会战胜病魔的，加油！您的孩子们都在期待我们下一次的相聚。

转眼五年过去了。记得五年前颁发"白梅奖学金"的那天，我看着您慈祥的面容，我哭了。您的所作所为激发了我内心强大的奋发欲望，是您从物质和精神上给予了我极大的鼓舞，也是从那一刻起我的内心萌发了新的希望，我一定要努力学习，毕业后好好工作，不辜负您对我的期望。正如我所愿，毕业后我顺利地进入内蒙古伊利实业集团股份有限公司，在工作的这几年当中有苦有甜，生活上遇到的困难也是"家园"的兄弟姐妹帮我渡过的，真的很感激您，妈妈，是您让我有了这个温暖的大家庭，是您让我在失去斗志的时候重新拾起了信心。大恩不言谢。这一刻我唯一想做的就是为您祈福，让您快点醒过来，哪怕让我折寿 10 年，我也要妈妈您醒过来。

下面这首歌曲送给我亲爱的、最爱的唐妈妈。

妈妈我懂你的心

妈妈我懂你的心
你是最明亮的星星
你是如此坚强如此善良
这一切都为了我
妈妈我永远爱你
你是我黑暗的曙光
我要如你坚强如你善良
我要勇敢地成长
妈妈让我来爱护你
妈妈你是我的宝贝
正如我是你的宝贝

妈妈醒来吧，好不好？您的孩子都很担心很担心您，都期待着与您的再一次团聚。

爱您的女儿：李慧

2010 年 11 月 22 日

22. 来自杨美霞的信（杨美霞，内蒙古工业大学商学院会计 97 级，2000 年毕业）

尊敬的唐妈妈：

您好！

我是杨美霞，听到您患病的消息，我不禁潸然泪下，因为这个消息来得太突然了，我们前几天还在一块儿交流、谈心。您告诉我今年您的身体状态很好，您一直坚持游泳，当时我们在一块儿都很开心。您一直喜欢听我丈夫王晓明唱歌，虽然他唱歌音调不是很准，但是他的声音很洪亮，您每次来呼和浩特都会让他唱给您听，您记得吗？这次我们一块儿唱了《我的中国心》，您的脸上一直洋溢着幸福的神情。您外孙女王露冉还给您唱了英文歌曲，您说她唱得很好，长高、长大了，您外孙王露冉一直在学习舞蹈，等您康复了，再给你表演舞蹈。

您的女儿：杨美霞

2010 年 11 月 23 日

23. 来自王海梅的信（王海梅，内蒙古工业大学外语学院英语 02–2，2006 年毕业）

唐妈妈：您好！

您睡了这么久了，休息好了吗？快点醒过来，看看您遍布各地的儿女们好吗？我们都盼着您快点醒来，我们再聚会呢！您还记得吗？上次我们在上海聚会，一起在徐家汇吃牛排吗？记得您跟李季伟说："男孩子就应该多吃点东西，才能长身体哦！"记得我们和您老伴儿一起拍的照片吗？记得您告诉我怎么保养皮肤吗？记得您告诉我，让我妈妈少吃油腻的食物，有助于缓解她的心脑血管供血不足吗？对了，忘了告诉您，我是内蒙古工业大学 2006 年毕业的王海梅，现在在上海的一所学校工作，由于前段时间我哥哥患白血病去世，我也刚做了个手术，所以没有常和大家联系。唐妈妈您一定记得您的每一个儿女，对吗？我期盼着您快快醒来，好吗？我还希望我结婚时能邀请您和陈叔叔参加我的婚礼呢！

唐妈妈，您人那么好，做了那么多的善事，相信上帝一定会让您醒过来，与我们大家团聚，去帮助更多的人的。我为您祈祷，祝您早日康复。

您永远的女儿：王海梅

2010年11月24日

24. 来自任笑玲的信（任笑玲，内蒙古工业大学机械学院工业工程02级，2006年毕业）

亲爱的唐妈妈：您好！

我是任笑玲，本科就读于内蒙古工业大学。呼和浩特地处偏远，信息闭塞，那个时候每一个来自外界的消息就好像是一股清新的空气，让我们觉得没有与世隔绝。上大学不仅仅是硬啃书本、学死知识。我还记得您给我们讲过，人最重要的是 sense of direction, sense of belonging。那时候，我没有归属感，更不用提方向感，作为一个目标定位于优秀的人，在毕业时刻我该怎么选择：是保送去一个二流的大学，还是努力考上梦想中的大学。这是一个轻松和艰难相互博弈的决定。如果要问我最重要的转折在哪里，必然就是做这次选择：一个确定的安逸和一个不确定的辛苦付出。现在我还一直保存着您给我寄来的剪报，上面有各种各样的人用坚强的意志和精神克服了贫困、疾病、痛苦和人生中的种种难题。是您的鼓励让我有信心和勇气报考清华大学的研究生，再艰苦的环境我都熬了过来，那个时候虽然物质是贫乏的，但精神是富足的，我找到了 sense of direction。如今，我已经从清华大学顺利毕业，还找到了一份满意的工作。

唐妈妈，也许您不知道您的一点爱心竟然可以改变一个人的选择，改变一个人的命运。我们是何等的幸运，在无助、迷茫的时候遇到了您。“白梅百花温馨家园”的每一个兄弟姐妹都得到过您的帮助，通过您，我们又紧紧地联系在一起，相互帮助、相互扶持，成为一个充满力量的、不断壮大的大家庭。这是您给我们的最大的精神财富。

唐妈妈，您要尽快好起来，等您好转的时候，您就可以把奖学金的工作交给我们，去帮助更多家庭贫困、品格优秀的学子，您就不用操那么多心。我在电视上看到很多很美很美的地方，等您身体好转后，我们可以一起去云南丽江、去大连、去湘西凤凰那些景美人美的地方。您看，中国那么大，我们竟然可以遇上，真是万分的缘分。上帝会保佑您老人家身体健康长寿的。您也要加油啊！

唐妈妈，加油加油！我们在北京、在内蒙古、在承德等着您！

任笑玲敬上

2010年11月24日

25. 来自程华的信（程华，内蒙古工业大学材料学院材05–1，2009年毕业）

亲爱的唐妈妈，您好！

得知您在10月26日晕倒，因血压高而处于昏迷状态的消息后，我万分难过，我每天都在关注陈叔叔发的每一个消息，等待着您病情的好转。当天“家园”中的兄弟姐妹们都对您的病情十分关注，并持续在QQ群里和我们的网站中发布美好祝愿，期待您的康复！我相信在我们六百多个“白梅百花温馨家园”儿女的祈祷下，您的病情会持续好转，最终能够康复。

唐妈妈，您知道吗？我们这些生在他乡的孩子们，是要您来关心的啊！记得去年，您先后到承德和呼和浩特给新一届的“白梅”、“百花”儿女颁奖之后来到北京与我们相聚，那是我第一次见到您，您就像我的母亲一样叮嘱我，在学校的时候要好好地学习。今年夏天，您来北京与在北京的“家园”的孩子们聚会，那是我第二次与您见面，虽然时隔一年，但却是如此亲近，您鼓励我好好地生活，珍惜现在年轻的时光，要不断地学习英语等等，是对我最大的鼓励。现在每年的九十月份我是多么期待您来到这里与您的孩子们相聚。听到您生病，我是多么的悲伤，您的儿女们在远方期待着您的康复的好消息啊！您十余年来支持的“家园”，您一直在坚强地支撑着，我们相信这次您也一定可以转危为安的，您要快快地醒过来啊！我们每一个“家园”的儿女们都在远方盼着您康复的好消息啊！

今天是感恩节，我们在这个感恩的日子里衷心地期盼着唐妈妈您快点康复啊！我们都相信您能够安全地渡过难关，唐妈妈，您要坚持下来！远方的孩子们都在为您祈祷啊！唐妈妈，您快快好起来吧！

您的孩子：程华

2010 年 11 月 25 日

26. 承德护理职业学院 37 位同学的信

亲爱的唐妈妈：您好！

前不久才得知您生病的消息，当时我们真的慌了，真的想赶快飞到您的身边。陈叔叔告诉我们这段时间您一直很坚强、很勇敢地在与病魔作斗争，您不愿放弃自己，不愿丢下我们不管。唐妈妈好样的！我们为有您这样一位母亲而感到骄傲与自豪。您的坚强更是坚韧了我们的心，您的苏醒就是我们最大的愿望！拥有近千个子女的您，一定要为了您的这些孩子们再勇敢些，再坚强些！我们每个人都在为您祈祷，您一定要醒过来呀！

唐妈妈，您还记得您讲的《半杯水》的故事吗？我们一直铭记在心：两个人同时走在沙漠中，当他们各自只剩下半杯水时，前者很沮丧地认为只有半杯水，没有生的希望了；而后者很庆幸地认为自己还有半杯水，他用积极的态度面对困难，结果走出了沙漠。唐妈妈，我相信，您一定还记得这个故事吧！现在，您就是在沙漠中拥有半杯水走出沙漠的那个人，您一定要像您告诉我们的一样，要用积极的心态面对一切困难，对生活充满自信与渴望，与病魔作斗争，坚持到底。

“小鸟爱蓝天，骏马爱草原”，“有妈的孩子像块宝”。唐妈妈，在您与病魔作斗争的过程中，您不会感到孤单的，您不会寂寞的，因为还有我们，我们会一直陪伴着您，与您一同努力，我们会默默地祝福您，默默地为您祈祷。“冬天来了，春天还会远吗？”困难只是暂时的，只要我们不向困难低头，只要我们勇于挑战，我们一定会胜利的。

唐妈妈，您忘了吗？等您下次来承德时，我们还要一起去逛避暑山庄，一起去大佛寺呢！

唐妈妈，您要加油，我们相信您一定会胜利的！

此致

敬礼！

承德护理职业学院爱您的孩子们

2010 年 12 月 3 日

27. 来自苏文娟的信（苏文娟，内蒙古工业大学信息学院电子 04–1，2008 年毕业）

唐妈妈：您好！

我是您的女儿苏文娟。谢谢您一直以来对我们的关怀。听说您生病了，我们都很着急，都希望您能早一天康复，希望您明年还能来北京。

上次您来北京的时候，听陈叔叔说您是基督徒，我也是一个基督徒。本来想和您谈谈信仰的问题，但看到您那么忙，“家园”中那么多人需要您关心，而您的时间又是那么的有限，就没好意思向您提起。一个普通的人，心中却装着我们这么多人，您宁可自己过着简朴的生活，也要把不多的积蓄奉献出来给我们这些孩子。虽然钱不多，但我们感受到了您身上的那份无私的爱。在您的身上我看到了基督的爱，基督的无私的爱在您的身上被彰显出来。

唐妈妈，愿我们在基督里一起向神祷告，求主来医治您。因为圣经上告诉我们说：“你们祈求就必得着，寻找就必寻见，叩门就必开门。”相信神一定会医治您。我在这里不能为您做什么，只能为您向神祷告，求主耶稣早一天医治好您。相信神一定会垂听我们的祷告。

这里有一首歌送给您，《这一生最美的祝福》，希望您能喜欢。愿我们都能从上帝那里得到祝福。

唐妈妈，我的文笔不是很好，写得有些凌乱，愿您见谅！希望您能早一天康复！

女儿：苏文娟

2010 年 11 月 24 日

28. 来自梁静敏的信（梁静敏，承德医学院08级临床医学本科8班，2013年毕业）

唐韵神采领善前，

盛情风华育真魂。

玫玉芬芳散美香，

母爱沁心暖人间。

一首藏头诗送给唐妈妈，女儿在远方为您祝福：坚强的您一定可以战胜病魔，女儿为您骄傲！

您的女儿：梁静敏

2010年12月10日

29. 来自张玉振的信（张玉振，承德医学院2010级护理本科8班）

陈叔叔：您好

收到了您的邮件，由于家里没有电脑电子设备，没能尽快回复陈叔叔您，实在抱歉。我已经认真仔细看了邮件，看到了和我一样的贫困学生奋斗的故事。我的父母已经去世了，一直跟着哥哥生活，自己假期一直打工没有回家，现在在这个爱的家园里，我感觉好幸福啊！有这么多兄弟姐妹陪伴，为身处在高素质的群体中而感到骄傲。我是承德医学院2010级护理本科八班张玉振，开学应该上大四了。

我能感受到唐妈妈是个坚强的人。不知道唐妈妈的病情怎么样了，我相信好人会得到上天的眷顾的。距离上一次获奖，已经过去快一年了，这一年我依然和知识过着单调的生活，因为我一直都坚信无论我旁边的人多么有背景，比我强大多少，实力、知识、能力才是硬道理，我希望可以通过自己的努力去打破这样的不平衡，去得到认可。

明年面临实习，我会把握大学的机会，好好努力，将来有一份理想的工作，作为一个男子汉为未来奋斗的，男子汉穷并不可怕，怕的是志向也穷，我会证明给爱我的人和给予我恩情的人，不会让你们失望的。

当我看到内蒙古工大李艳姐姐发的唐妈妈的照片时，我感觉好温馨，脑袋突然想起了我的妈妈，如果我的妈妈还在的话该多好啊。看见唐妈妈的照片我不知道怎么的流眼泪了，好想叫她一声妈妈，我会把唐妈妈的照片留着一辈子的。

很期待能有机会见到唐妈妈，亲口对她说一句妈妈我爱你，我深深地被唐妈妈的精神所打动，我觉得我们家园的孩子们会以她为榜样，刻苦认真完成自己的学业，以后为有能力了更多的如我们般的孩子们提供帮助，把爱传递下去，直到永远……请唐妈妈陈叔叔放心，我会努力加油的，你们也是哦……

祝唐妈妈和陈叔叔身体健康。希望唐妈妈的身体可早日康复，我会继续关注咱们的家园的。如果有机会，我也会尽我所能，帮助我可以帮助的同学的。

此致

敬礼！

您的儿子张玉振

30. 来自高美启的信

亲爱的唐妈妈：您好！

依稀记得2010年10月份的那个中午，您来我们学校颁发"白梅奖学金"。您那慈祥的面孔我永远忘不了：布满了皱纹的额头，那是您操劳一生、奉献一生、辛苦一生的印记；花白的头发已然缺少了青春的光泽。而我没有想到的是隔了一个月就听到您得病的消息，而且听说很重，我多么希望那是看错了，可是邮件上却有您在病床上的照片，我才知道您真的病了。

两年前，我并不知道有您这样一位伟大的母亲，更不知道我的周边还有这样无私的人，直到两年前我申请“白梅奖学金”的时候才知道您。不敢有太多奢望能得到您的资助，但是我真的很想见到您，对您充满了敬佩，因为我也是一个缺少母爱的孩子，我多么渴望见到您这么一位慈祥的母亲。而当我获得“白梅奖学金”的时候，我开心极了，我知道我就要见到您了，充满了期待。最终我见到了您，当时您身体不适，没能跟您说话，陈叔叔便把我们聚在一块儿简单地交谈了半小时，从谈话中得知您的无私奉献，当时我很难理解一个普通的护士是怎么样的境界才能把平生积蓄用来资助其他人，后来我才知道就是这样一种精神，一种无形的力量才把爱心奉献。敬爱之心油然而生。

您十几年如一日，资助过几百名贫困学生；您用您的爱汇聚成一条河浇灌我们。您是伟大的，您以一个护士的身份诠释了什么是爱，什么是无私，什么是坚持，您是天底下最伟大的护士，更是最伟大的母亲。您是爱的化身，虽然您病倒了，可是爱心并没有中断，它在一直延续着，一个接一个，传到每个人心中，传到社会的每个角落……

两年来，我时时刻刻在祈祷，希望您早日康复，现在我没有办法去看您，只能通过各种途径了解您的病情，一封封邮件、一段段视频、一张张图片……我知道您的病情在好转，您的孩子都在等您，等您病好的那一天，期盼着您能再拥抱您的孩子，期盼着能当面叫您一声“妈妈”。我知道您也很想快一点好起来，很想再看看您的孩子们。我也相信您很快就能站起来，带领您的孩子们把爱心传递。妈妈，您的孩子在呼唤您，他们需要您，您听到了吗？

妈妈，您看到了吗？在您的爱心资助下您的孩子们都有了或多或少的成就，不论是在校生还是毕业生。因为我们都是贫困家庭的孩子，深深地明白每一分钱都来之不易，所以我们坚强，我们努力，我们不断学习，不断进取，都没有辜负您的期望。

您已年迈，我知道您还有很多未完成的心愿，还想再一次把您的孩子都聚集在您身旁，这些事情由我们来做就行了，您需要调养，需要休息，需要有一个好身体，您的健康对我们来说比什么都重要。您未完成的心愿我们帮您完成，我们会把爱心不断地传递下去，也会把您的精神发扬光大。

妈妈，您辛苦了！您一定要保重身体，健健康康，开开心心！

祝您早日康复！

您的孩子：高美启

2012 年 10 月 10 日

31. 来自张闻丽的信

当母亲节遇上护士节

伟平大哥：

您好，我是内蒙古医科大学第一临床医学院2012年百花奖学金的获得者张闻丽（2011 级临床三班）。很久不见您了，身体还好吧！很高兴的告诉您《唐妈妈传记》一书已经发到了每一位获得过百花奖学金同学的手里。

给您发 E-mail 的前一刻我刚刚读完这本书，说心里话，书中的许多故事深深地触动着我的心。其中印象最最深刻的是您写的那篇参加完 2012 年颁奖典礼的后记，您的文章中提到我们学校的两位同学，胡慧妍和敖海娃。确实是这样，他们两人的故事不仅感动了你，更感动了颁奖现场的每一位同学，和他俩相比，我们真的差得很远！我来自一个普通的农村家庭，父母没有稳定工作，家里三个孩子都在念书，年迈的爷爷奶奶也需要父母照顾，而且两年前爸爸不幸患了重病不能干重体力活，这更为原本拮据的生活加上了“霜”，每每看到父母辛苦的样子心里有说不出的酸楚。还好高考我没辜负父母的期望，顺利考上了大学并选择了医科走了临床专业。虽说自己觉得不理想，但看见父母欣慰的样子我也是知足。可是要开学了问题又来了：学费，生活费。父母又要为自己的学费奔波了，一切看在眼里痛在心里，但是却更加坚定了我要好好学习将来做一名优秀的医生的梦想。很荣幸，2012 年，我获得了百花奖学金，奖金 1000 元，也许这 1000 块钱在某些人眼里不是什么，但是对于我们这些真正贫困的孩子来说却是很大的帮助。我非常感谢这份来自远方的资助并且保证不会辜负唐妈妈对我的期望。就像我在颁奖典礼上说的一样——“这种场合这种事情说多少都是苍白无力的，我们只能把这样一种感觉化作一种动力，向前，再向前。”

我相信“穷人的孩子早当家”这一看法。凭我们踏踏实实，做事老老实实做人的态度，将来一定会创造出一片属于自己的天空。

其实在我们这群儿女心里，最挂念的还是唐妈妈，我选择在今天这样一个特殊而重要的日子里发E-mail给您也是有一定想法的。“当母亲节遇上护士节，第一个能让我想到的就是唐妈妈。”我想祝唐妈妈母亲节快乐，护士节快乐，当然节日后要更加快乐!!!很遗憾不能直接说给唐妈妈听，但我想伟平大哥一定会代我们向远方的母亲送去深深的祝福!

最后祝唐妈妈身体健康，福如东海，寿比南山！

伟平大哥工作顺利，阖家幸福!

同时也向一直为家园默默奉献的陈叔叔问好，祝福他老人家身体健康，笑口常开！

张闻丽

2013年5月12日

32. 来自陈静的信

让感恩走进心灵

亲爱的唐妈妈：

您好！

爸爸时刻在提醒着我，既然要做唐妈妈的女儿就不要让她失望，要理解妈妈的良苦用心，成为她的骄傲，因为唐妈妈是我永远的榜样。

我妈妈知道您生病了，心里总是挂记着，她身体一直处于亚健康状态，当我每一次提起您的时候，她都会说好人一生平安。她信佛，所以每一次敬香时都会为您祈祷，愿唐妈妈早日康复。

自从我荣获白梅奖学金那一天起，我就已经与这个大家庭结下了不解之缘。虽然我不能陪在妈妈您的身边，但是内心的牵挂却没有断。每一次接到陈叔叔的短信都会欣喜万分，因为一定会有您新的消息出现，虽然每每因为各种原因不能及时回复。希望我的祝福能够在无形中传递到您的身边，祝您早日康复。

家园里的每一位姐妹在我的生命中扮演着很重要的角色，尤其您和陈叔叔两位大家长。或许某一瞬间我会觉得活着是一种负累，人生对自己来讲就是一种承受、一种难熬的苦楚。我只能以悲观的态度来面对生活，虽然我还年轻但是在我人生所经历的风风雨雨中，总会有坎坎坷坷，是你们没有虚浮的关心，坚实地站在我的身边，把你们的爱，在无言中默默地传递到我的心灵，给我勇气，去面对复杂的社会，为我展开生活的画卷，在这个画卷上，我们共同勾勒生活的线条。我曾经是一个忧郁的女孩，但是我的坚强就是在忧郁中塑造的，每当我遇到生活中的不尽如人意时都会想起您无私的和不计回报的爱是那么的伟大，我的这些小事又算得了什么呢，我要拥有和您一样的胸怀。

在这里我还要感谢陈叔叔，是您的博爱在牵动着我们每个人的心，是您的精心付出在维系着家园里的一切，我爱您，祝您身体健康，开心每一天。丁然姐、牛建喜大哥哥还有其他姐妹们，妹妹也在此感谢你们这样的纽带在维护着咱们的大家庭，我为有你们这样的哥哥姐姐而骄傲。所以在尽情享受着这个大家庭赐予的这份美好的同时，也愿把爱心传递，让所有这一切因爱而走得更远。

鲜花之所以感恩雨露，因为雨露滋润它成长。唐妈妈，谢谢您。

这些话在我心里已经很久很久，可每每凝眸面对空白的纸张，总怕写不出母爱的分量，便一直不曾动笔。我时常想象不到母爱是怎样伟大的一种形象，唐妈妈，我不会把我想你凝在指尖，我只是借着这样一个想念你的夜晚，抒写我一生报答不完的感恩，妈妈，我真的好想您。您牵挂着我，所以您会懂的。

在我生命中女人固然是脆弱的，母亲却是坚强的，唐妈妈，祝您早日康复，加油。中秋节来临之际，提前祝大家节日快乐。

2013年9月15日

九、十年母女情缘

李 艳

得知我有机会在这本书里写一篇文章的时候，下意识地我的脑海里浮现起一个词“十年情缘”，唐妈妈和我的母女之情已经有十年了。这十年是我一生中最难忘的一段人生经历，充满了艰辛、拼搏和成绩，然而由于老天的眷顾，让我又多了一份来自唐妈妈的关爱和鼓励而变得温暖而幸福。

我叫李艳，出生在内蒙古巴彦淖尔盟的一个农村家庭，2001 年我考入内蒙古工业大学电子信息工程系，我庆幸有机会在这里读书。这四年里，我收获了学业，收获了友情，更收获了一份珍贵的母爱。

2002 年 9 月，是我在内蒙古工业大学读大二的第一学年。刚开学不久，我接到院里张玉霞老师的电话，告知我获得了唐盛玫女士的“白梅奖学金”，使我特别开心、激动。因为家境贫寒，我的生活费大都是做兼职自给自足，平时也是省吃俭用，这份奖学金对我来说简直就是“久旱逢甘露”。我把这个消息告诉了家里，家里人也特别高兴，特别感动，我的母亲让我代她谢谢唐妈妈，还再三叮嘱我以后有出息了，一定要记得报答这份恩情。

当时听同学们说，“白梅奖学金”的捐助者不是富商，也不是高官，而是一位和普通大众一样的来自工薪阶层的平凡的人，非常令人敬佩和感动！就这样我带着这份敬仰、感激还有好奇认识了唐妈妈。在“白梅奖学金”的颁奖大会上，我第一次见到了唐妈妈，她亲自为我们每个获奖者颁发了奖学金，还做了一个亲切而意味深长的讲座，鼓励我们好好努力，积极向上，最后和我们合影留念。唐妈妈慈祥、智慧和大爱给我留下了很深的印象，这是我第一次亲眼见到这样平凡而崇高的人，以前只是在课本里或者电视上看到过！或许是天意，颁奖之后，我们又见了一面。那天下午上课，在去教学楼的路上，我突然看到几位校领导陪着唐妈妈在图书馆的门口，我远远地看着唐妈妈和校领导们边谈边笑边朝着图书馆台阶上走去……当时心里就想，一定要好好努力，将来也要像唐妈妈一样做对社会有贡献的事！谢谢唐妈妈给我上了人生中最宝贵的一课。

就这样，我和唐妈妈的母女情缘开始了。我们通过书信的方式聊天，传递力量、传递和积淀我们之间的友谊和情感。唐妈妈是一位非常慈爱、非常用心的母亲，她通过寄一张张卡片来传递她对我的关心和鼓励。唐妈妈喜欢看报纸、剪报纸，她把报纸分门别类地汇总在一起打印多份寄给我们，有专门是英文的，有特定专业行业的，她希望我们把英语学好，把专业学扎实。每次收到这些剪报，我内心都倍感温暖和力量；特别是在得知我准备报考研究生的消息后，唐妈妈给了我更多的鼓励和关爱，不时地寄来贺卡和信。最让我难忘的是在我即将参加研究生考试的前一个晚上，接到了唐妈妈从香港打来的电话，她鼓励我，让我勇敢积极地面对这次考试。挂了电话后，我感动地哭了，我感谢唐妈妈给我的鼓励和关爱。

2005 年 9 月，我来到北京，进入北京大学读研究生。由于研究生的学费很贵，而且北京的生活费也比内蒙古高很多，我当时的压力很大。唐妈妈得知这个情况后，打电话给我鼓劲儿，并且介绍她的好朋友崔阿姨捐助我，还介绍她在北京的同学陈平叔叔与我认识，让我有什么事情就找陈叔叔。陈叔叔也如同唐妈妈一样，特别慈爱、幽默、智慧，就像久别的亲人，让我感觉来到北京这个新的环境很亲切、很温暖。

每年颁奖的时候，唐妈妈如果时间来得及，也会到北京，和“家园”在北京的孩子们聚聚，给我们每个人带一份新奇的礼物，了解我们在北京学习、工作和生活的情况。每次看到唐妈妈来北京时疲惫的样子，感到特别心疼，一位年近80岁的老人，还这样孜孜不倦地奉献着她的博爱与力量！而看到唐妈妈因听到一个个女儿和儿子工作生活上的进步而开心的笑容，又为唐妈妈感到无比骄傲和感动！

在唐妈妈的关心鼓励下，2008年7月，我顺利毕业并找到了工作，在中国科学院做半导体的科研工作，到现在我已经工作四年了，工作、生活基本稳定下来。我先后两次被研究所评为“优秀工作者”；在研发项目中，做出了一点小贡献，感受到了成就感，得到了领导的认可。我感谢有幸能认识唐妈妈，并且得到唐妈妈的不断关心，不断鼓励，得以有了今天的成绩。

2010年年底，当我得知唐妈妈意外生重病的噩耗，而且病情危重时，唐妈妈关心我的一幕一幕都浮现在我的脑海，我难以抑制地哭了，我为唐妈妈得了重病而难过，我为我还没有好好回报唐妈妈的爱而难过，我更为担心能不能再见到唐妈妈而悲痛……我向领导请了几天假，带着焦急和担心踏上了探望唐妈妈的旅途。

到香港后，郑伯伯和郑二哥告诉我，唐妈妈的病情已稍稳定下来，在疗养院进行理疗。我见到了病中的唐妈妈，唐妈妈还是像从前那样的慈祥，可是现在是躺在病榻上，不能说话，不能自己活动，更不能走路，只有左手可以微微地动……看见我，她的眼睛眨了眨，嘴唇微微颤动，大概很想说什么。看着先前精力无限、慈爱幽默、爽朗健谈的唐妈妈，现在却躺在病榻上，我眼睛又湿润了，

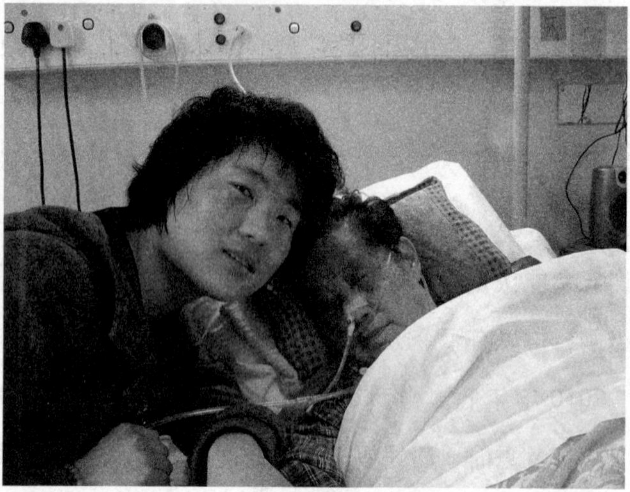

▲ 2010 年 12 月李艳从北京到香港探妈妈

唯一内心感到安慰的是唐妈妈已经脱离危险期，病情稳定下来了。

在香港的几天里，我每天都去陪唐妈妈，给唐妈妈说说话，揉揉唐妈妈的手，看看唐妈妈的表情和隐隐约约的反应。第三天我就要回去了，为了能多陪陪唐妈妈，多看看唐妈妈，我晚上住在唐妈妈的病房里，和护理员一起照顾着唐妈妈的洗澡、服药……那天晚上我躺在沙发上久久难以入睡，想想两个月前在北京还见到精力充沛的唐妈妈，再看看眼前躺在病床上的唐妈妈，心里如同刀绞。带着一颗沉重的心和对唐妈妈的祝福、祈祷，我和唐妈妈道了别。我祈祷并期盼着唐妈妈早日康复！

唐妈妈遍布全国各地的孩子们得知她生病的消息后，都非常难过和挂念，来自四面八方的孩子们担心的信、期盼的信、祝福的信，还有各种载着祈祷、关爱和感激的礼物送到了唐妈妈身边，我们都期盼着唐妈妈早日康复，我们相信我们伟大而慈爱的母亲一定会康复起来，再和我们团聚，再和我们聊天……

前段时间收到唐妈妈的视频，我好激动！视频中唐妈妈特别的精神，而且手臂可以活动了，内心特别的平和……让我好开心！我们期待着唐妈妈完全康复的那一天早点到来！

“十年树木，百年树人”。在这十年里，在唐妈妈这份特别母爱的沐浴和滋养下，我得以茁壮成长成才。唐妈妈和我的这份母女感情的回忆里有很多的感动，很多的企盼，很多的欢乐……难以在这里用文字一一表达，唯有凝聚成“爱”、“慈爱”、“厚爱”。

“星星之火，可以燎原”。唐妈妈的星星之火，已经燎原了，她点燃了她的一个个孩子们对摆脱贫穷的企盼，对美好生活的向往，对梦想追求的勇气和对实现亮丽人生的决心！今天唐妈妈的孩子快接近 1000 人了，遍布在祖国的各个地方，各个行业，各种岗位，在唐妈妈的关爱和鼓励下，秉承着唐妈妈的风范，孜孜不倦地努力工作，满怀一颗感恩大爱之心面对生活。明天，我们会接力唐妈妈的这份光和这份热，让它继续放出更多的光和热，洒向更广阔的世界，以回报唐妈妈带给我们的这份珍贵而伟大的母爱！我们更期待着唐妈妈早日康复，和我们共睹明天美好而感动的时刻！

2012 年 10 月

十、一枝白梅香飘万里

李欣欣*

岁月流逝，多年后我依然可以清晰地回忆起第一次见到唐妈妈的情景。

我一直认为我是非常幸运的，在刚刚开始职业生涯时遇到一位特殊的母亲般的老人——唐盛玫女士。记得那是2002年9月，我刚刚参加工作不久，领导交给我一项特殊的任务：接待白梅奖学金捐资人香港的唐盛玫女士。为了顺利完成这项工作，我提前了解了一下白梅奖学金的背景和唐女士的情况，正是这次了解让我开始对这位尚未谋面的老人心生敬意并开始期待着她的到来。一位香港人不远千里来到偏远的内蒙古自治区设立奖学金已是不易，更何况她还是一位收入并不高的七旬老者，这怎能不让人敬

* 李欣欣，内蒙古工业大学学生工作处副处长。

佩呢？几天后，我见到唐盛玫女士，她的亲切、随和、细心，让我也与大家一样开始叫她唐妈妈。几天的相处让我对唐妈妈更加钦佩。她坚持自己支持差旅费用，要求学校接待规格不要过高，不要安排媒体采访。相反，她对获奖学生们却格外热情，坚持与每名学生进行交流，请同学们一起聚餐。有不少往届获奖学生听说唐妈妈来了，纷纷来到宾馆看望她。这是唐妈妈像对待自己的孩子一样对待每一名获奖学生而得到同学们的真情回报。

后来几年的白梅奖学金评选、接待我都参与了，也与唐妈妈建立了深厚的友谊。回顾十几年来白梅奖学金的发展与唐妈妈的亲力亲为不是可分割的，这其中有三个难能可贵。第一个难能可贵：一位七旬老人，身患多种病痛，但只要身体条件允许便会亲自到内蒙古为学生们颁奖。那时呼和浩特还没有直飞香港的飞机，每次都需要在北京或上海转机，其中的辛苦对于一位年逾古稀的老人来说可想而知。第二个难能可贵：唐女士只是普通工薪阶层，家庭并不富裕，所有奖学金全部来自唐妈妈及其亲友自主捐资，这样的爱心捐助整整坚持了十六年，其过程是何等的不易，坚持至今需要怎样的情怀和毅力。第三个难能可贵，唐妈妈不仅为学生提供奖学金，还与许多获奖学生保持的通信联系，并给他们寄来英语学习资料。在唐妈妈的影响下，白梅奖学金的获奖学生形成一个互帮互助的集体，他们建立了“白梅温馨家园”，在家园里有同学需要帮助时，总能得到其他同学的关怀和支持。这已远远超越了奖学金的范畴，上升到更博大、更高尚、更有意义的层面，我们把它称之为“白梅精神”，一种从被关爱到关爱他人，从被支持到支持他们，从被帮助到帮助他们的精神。现在很多早期受白梅奖学金资助的学生现已事业有成，他们正在用实际行动将唐妈妈的“白梅精神”传承开去。

唐妈妈曾有这样的感慨：“儿时忍受着硝烟弥漫、山河破碎的屈辱，今日有幸能看到祖国富强昌盛，欢欣鼓舞之余，更应珍惜当前安定团结的局面。虽然自已生不逢时，蹉跎岁月，一生无所建树，只落得做了一个白头异乡客，但饮水思源，难忘祖国母亲养育之恩……作为一名游子，虽然大的事情做不了，但尽自已所能奉献微薄力量，资助祖国少数民族地区的贫困有识青年完成学业，也算不虚此生，老有所乐了。”正是唐妈妈所说“老有所乐”的义举，带给多少青年学子以梦想和希冀。近三年，唐妈妈由于身体原因没办法再来内蒙古，但是“白梅精神”却由她的子女、资助过的学生们、学校的老师们继续传承着。

我们永远不会忘记一位古稀老人从千里之外带来的无私捐助和博爱精神。虽然最初只是一枝白梅，却经由千人之手将这缕缕幽香，散播于祖国万里河山。“一枝白梅，香飘万里”也园了老人当年“尽自己所能奉献微薄力量，资助祖国少数民族地区的贫困有识青年完成学业，也算不虚此生，老有所乐”之愿了。

第三辑 爱的事业，永不停歇

一、2011年

2011年9月，唐妈妈大儿子郑新文代替妈妈到内蒙古和承德参加奖学金颁奖典礼。这是从1998年到2011年14年间，妈妈第一次未能参加颁奖典礼。这篇文章是郑新文在颁奖典礼后写的感想。

承德颁奖典礼感想

1. 热情的接待

从河北承德回来差不多两周，我的肠胃才完全恢复过来。不是因为不习惯北方地区的食物（我每年总有事要跑北京几次），而是在承德三天学校接待太好，美食丰盛所以吃得太多了。正如我父亲所说："我们每顿饭吃掉我们平常一天的分量！"两天下来，我已经严重上火，口腔和肠胃都有点吃不消。回家后要“节食”一段日子才恢复正常。现在才理解我母亲每次颁奖典礼回来有好一段日子都没有胃口的原因，只怪我们都太“贪食”了！我也深深感受到承德医学院和承德职业护理学院领导们每年给我母亲接待的热情、对“白梅百花奖学金”的重视。

母亲多年知交好友殷切的问候、祝愿信件、礼物，都让我感动不已。特别是承德医学院宣传部部长赵书云“诗人”，在午宴即兴为母亲创作了一首诗，她朗读的时候还在流泪，我们都深为感动。之后我们每一次再听她朗读的录音时，诗文的内容和感情都令我无法不流泪。虽然我母亲现在没有办法表达她的感受，但从她听录音时一动也不动的专注，我相信她深有体会。

因为怕两位老人辛苦，两天行程(三个晚上)尽量只安排最重要的活动。所以除了承德医学院和承德职业护理学院的颁奖典礼外，他们俩只参加了一个获奖同学的联合座谈会，还有一个晚上与一些“家园”的学长聚餐。可惜的是没有机会与获奖者个别交流，但通过座谈会的自我介绍和一些简短对话，也能感受到获奖同学的自信和刻苦向上的决心。陈平叔叔的讲话让我们见证80多岁老人的理想、热情和干劲，是我们一生学习的榜样。其实我与获奖者的心情有一方面很相同，那就是都在为有机会加入“家园”这个网络而兴奋！

2. 为老人心疼

这是我妈生病后我开始通过陈平叔叔了解“家园”工作大半年的感受。80 高龄的老人家，应该是无牵无挂、享受人生的日子。但是两位老人为了理想、为了帮助年轻人而不让自己闲下来，还拥有无限的热情和干劲，自然导致他们的家人担心他们的身体状况。承德之行令人“心疼”更加上“担心”，出远门对老人家是特大的挑战，交通、宴请、活动等特别容易劳累。陈平叔叔幸好得到丁然专业护士的照顾，一路上还算大致顺利。周三回到北京，我相信陈平叔叔的家人和丁然都大大地松了一口气（我只松了一半，到周四与我 84 岁的父亲回到香港的家后才完全放松）！

我母亲 12 年前创立“白梅百花奖学金”，其后成立“家园”。2006 年她找到老同学陈平帮助她经营，他们两位将每一位“家园”的成员视为儿女，事事亲自关心、亲力亲为，“家园”和奖学金最珍贵的地方，是他们对每一位成员的关怀和个人魅力。陈平叔叔通过他超人的计算机技巧，打破地域的限制，为“家园”建立顺畅的沟通渠道。但是随着“家园”越来越大，涉及的工作量是惊人的，而两位老人的年纪也越来越大，特别是我妈生病后陈平叔叔独立经营。其实两位老人真的不可能、也不应该承担无尽的工作。他们应该是“家园”的精神领袖和领导，实际的执行和经营的工作应该让年轻人来承担了。承德之行促使我在“如何使‘白梅百花奖学金’可持续发展”课题有一些想法，下面写出来与大家讨论。

如何使“白梅百花奖学金”可持续发展？

“白梅百花奖学金”是我母亲十多年的心血，影响了几百个年轻人，虽然她现在生病了，有很多不确定的因素，但家人（我的父亲、弟弟妹妹们）都希望尽量继续她的意愿，所以从奖学金的资金方面，在可见的未来我们会努力募集。但我们需要解决的是两位老人家一直赋予奖学金获得者的关心照顾如何替代？相信大家的反应是“两位老人家的个人魅力是无可替代的啊！”我完全同意，但假如大家同意我以上所说的“白梅百花奖学金”最珍贵的地方是对每一位成员的获得的关怀（不单是奖学金的金钱支持），加上我母亲一直倡导的“互助、对社会回馈的精神”，那我觉得未来的奖学金应该保留对获奖者的关心照顾。今天“家园”里有无数优秀、有爱心、有能力的学长，我相信在这方面可以发挥很大的作用，很欣慰“家园”的学长们今年已经捐出6个奖学金！

“家园”庞大的网络，也是我们最珍贵的财富。特别对升学、工作的学长们作用更大，我妈妈和陈叔叔已经为这个网络的建设投入了大量精力、资源。未来这个网络的维护提升（例如各个城市的分会、网站维护等），假如我们希望“白梅百花奖学金”和“家园”能可持续发展下去，让唐妈妈和陈叔叔安心看到有人“接棒”，那我们确实需要思考，提出我们的意见，慢慢形成“共识”。“家园”的未来在大家手里！

3. 把深深的思念和祝愿传递给我母亲

承德之行其中一个重大的意义和收获，是把我母亲的最新情况向关心她的老师、同学、“家园”成员汇报，包括让大家看到她逐渐康复的照片。我们很感动众多老师和同学对她的关心和祝愿，我带回来无数的录音、信件、礼物，也感觉到我母亲非常珍惜它们。在此再次感谢各位！

郑新文（唐妈妈大儿子）

2011年9月写于香港

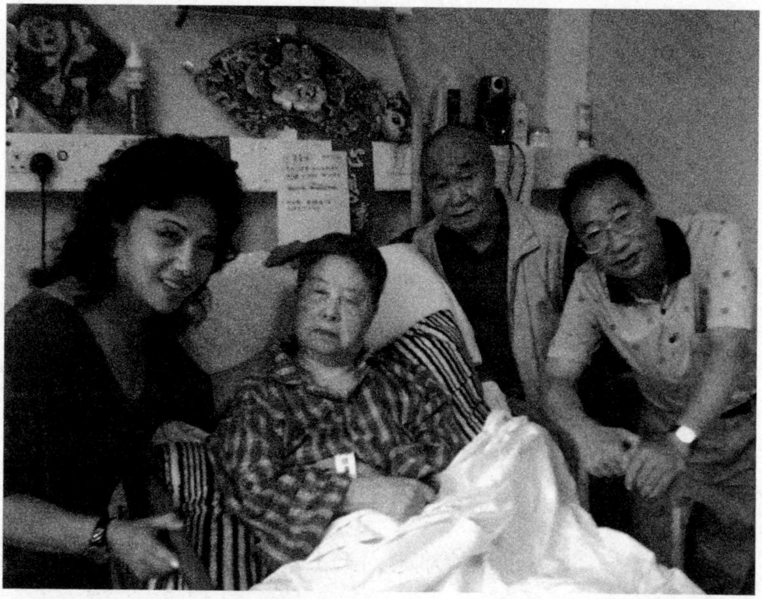

▲ 2011年妈妈醒来后和家人在疗养院

二、2012年

（一）承德医学院赵书云部长致辞

爱心接力

妈妈病榻系远方，爱心接力跑道长。

七载情爱育百花，万名学子动衷肠。

山高水远情难忘，天上人间爱无疆。

为感天使播雨露，它日化作波涛扬。

今天，83岁高龄的唐盛玫妈妈委托其子郑伟平先生来承德颁发“百花奖学金”，每当回忆七年来唐妈妈颁奖时激动人心的情景，都感动万分。唐妈妈2010年患病后，仍心系远方学子，唐妈妈的丈夫郑汉光先生，儿子郑新文、郑伟平先生在百忙的工作中，千里迢迢赶赴承德颁发

“百花奖学金”，唐妈妈及全家的善举、义举深深地感动着我们每一个人，即兴作此诗以表感激感动之情！并祝愿妈妈早日康复，再来美丽的山城！

承德医学院宣传部部长赵书云

2012 年 9 月

（二）承德医学院学生座谈会的发言

Ladies and Gentlemen, Good morning!

I want to thank everyone for coming, especially Uncle Zheng. You've travelled half the globe if you flew from Australia and half mainland of China if you came from Hong Kong. Either way, it's all well worth our sincere gratitude.

As we all know, today is a special day. What happened exactly 81 years ago that made today special in our history. Now I don't want to talk more about the former, but rather, I believe it's more meaningful to talk about what Mother Tang and Uncle Zheng have brought us. But it is what is going on here, today and now that kindness, love and can that gathered us together today. This, thus ignited that spark of helping others in our hearts.

We are all medical majors, born with the mission to help other people. Yesterday, when l saw Uncle Zheng shed tears over the poem Miss. Zhao composed for Mother Tang, I was deeply moved. It made Me make up my mind that l want to do the same, that I want to be like Mother Tang and Uncle Zheng making our world a better place by unconditional love and generosity.

Let us join hands and pass this love on to generations to come. We are all living in this Flower Garden, we are all brothers and sisters. Together we can be the change we want to see in this world. Thank you all for coming, thank you for sharing this memorable moment with me.

And lastly，Wish Mother Tang get well soon.

Thank you everyone!

感谢郑叔叔亲临我校，祝您工作顺利，身体健康，天天开心！

刘津彤

（英文奖学金获得者）

2012年9月

（三）2012年内蒙古、承德颁奖典礼后记

妈妈2010年10月中风，3个月后慢慢醒来。2011年她的病情有了一定起色。2012年虽不能说她的病况有很大缓解，但可以说情况稳定。妈妈因不能行动、不能说话和文字表达，过去两年都没有北上。去年我爸爸和我哥哥两人代表妈妈参加了颁奖典礼。今年9月14日到18日由我代表妈妈到内蒙古和承德两地颁奖。

母亲的地位没有人可以代替。母亲虽不能参加颁奖典礼，但我在内蒙古和承德同样受到热情的接待，也有机会和老师、同学们交流，令我感触良多。

从1999年我第一次到内蒙古，今年是第五次了。在内蒙古很高兴再次见到了内蒙古工业大学的李老师和包老师，内蒙古医科大学的赵云山校长和赵珍老师。我虽然是第一次到承德，但已多次听到我母亲提到的承德诗人赵书云老师，这次终于有机会跟她见面了。

多位老师的接待带给我难忘的回忆。这包括和内蒙古医科大学的赵珍老师参观蒙医博物馆；和内蒙古工业大学的王老师参观内蒙古博物院；和承德护理职业学院的王瑞

学老师跑步上山顶（我跑两趟，他跑一趟）；诗人赵老师深情地献诗；还有承德医学院的张喜萍老师和张文军老师陪我到医院急诊治疗我受伤发炎的小拇指（两周前骑单车意外压伤）。虽然刚好碰上保卫钓鱼岛和九一八事变的纪念活动，令老师们的工作特别繁重，但他们对我照顾周到。我再次向各位老师感谢，亦同时万分感激老师和同学们对母亲健康的关心。各位校长和老师们对“白梅百花奖学金”的肯定，也令我更下决心早日出版母亲的书。最触动我心灵的，是在各院校有机会见到100多位获得奖学金的学生，也是“家园”的新成员。这一大群可爱、勤奋的孩子们也是唐妈妈办奖学金的对象。因母亲不能参加评选，这次所有的奖学金申请表由我代她细看了。很多人也许不了解，在今天中国大城市繁荣先进的背后，还有一大群在偏远的农村、山区，被经济发展和物质富足远远抛离及遗忘的孩子们。

这批获得奖学金的孩子，他们没有因困难而放弃梦想，他们明白“知识能改变命运”的道理。他们不但学业优秀，很多人还在课余和放假期间打工，减轻家庭负担，也参加各种义工、课余活动和比赛。今年获得奖学金的学生中，有一位是学生会主席，一位被评为大学的“明日之星”，很多位在英语口语和歌唱比赛中都有优异成绩。

有两位女学生的背景，令我有很大的感触。一位学生以前曾经过着“公主般”的生活，但因她母亲车祸，导致对方一死数伤，使家里债台高筑，她母亲想过自杀。这位学生中学开始一直要为自己的学费奔走，但亦完成学业并进入大学。另一位女学生双亲已去世，她和弟弟相依为命，凭自己的努力和有心人的帮助，她不但没有放弃自己的理想，自暴自弃，而是抱着乐观的、“明天会更好”的心态，终于考上了大学。

这两位学生我在座谈会上也提到过。我想，这些只有十多岁的孩子，面对生活上极大的困难，她们不但没有消沉，反而积极进取，将困难一一克服。这一点，要是我处在同样位置，我怀疑自己能否做到。

也许，我们天天都在不同场合，都会听到别人夸一些小孩是多“可爱”。接触到这批获得奖学金的孩子，我觉得“可爱”这两个字真不足以形容他们。这些学生表情纯真、带点羞涩，朴素，但小小年纪已在学业和家境上克服了很多困难。在我眼中，他们是绝对可爱，是非常值得关心和爱护的好孩子。

在母亲生病前好几年，她曾要求我日后接管奖学金的工作。我一直没有正面答应她，因我了解这是一个大工程，也是长期的承诺，而且，母亲在学生中的地位没有人可以代替。

这届在承德医学院的颁奖典礼上，赵书云老师含着泪花献上《爱心接力》一诗深深地打动了我。我在想，母亲努力发展了十多年的奖学金，一旦停办了是多么可惜的事。我亦明白，奖学金的意义，除了经济上的帮助外，亦有妈妈希望培养下一代都能有“助人为快乐之本”和“回报社会”的意识。在今天贫富差距极大的中国，这种高尚的情操，是难能可贵。

日后，我想我会“硬”着头皮，接受这一巨大的挑战和任务。今天，奖学金得到唐妈妈的很多朋友、很多老师和几百位已毕业的学长的大力支持，在这关键时刻，我们应无畏地迈出一步，果断地接下这一“爱心接力棒”，尽力把奖学金办好，把母亲的爱心一直传下去。

当年妈妈决定到承德办奖学金时，我们一家人都不理解。我当时也劝她，把内蒙古两所大学的奖学金办好已经不错了，不应再在别的地方办新的奖学金而疲于奔走。但今天，我看到许多承德的学生和老师的感恩，证明母亲当年的决定是正确的。

和获奖学生开了座谈会后，我想起不久前看过的一部纪录片。新中国成立不久的20世纪50年代，有一批中国青年被派到苏联上大学，学习重工业、化工业、矿冶业和地质学。当年这批青年在苏联的生活很艰苦，语言和饮食都不习惯。有一年，毛泽东访问苏联，好几百位在苏留学的青年，从各地赶到莫斯科大学，一睹毛泽东的风采和听他讲话。毛泽东对他们说：“世界是你们的，也是我们的，但归根结底是你们的。你们青年人朝气蓬勃，正在兴旺时期，好像早晨八九点钟的太阳。希望寄托在你们身上。”这批学生回国后，把重工业、化工业、矿冶工业带到中国，为60年代中国的重工业打下根基，他们是新中国重工业的开拓功臣。纪录片里访问了好几位已80高龄当年留苏的专家，他们都很怀念人生中这一黄金时期，亦为自己为国家重工业开发作出贡献而感到自豪。

今天，我看到100多位获得奖学金的学生，他们亦好像早上刚升起的太阳，未来是他们的，希望他们有一天能成为中国“爱心事业”的开荒牛。这一大群只有十多岁的孩子和数以百计的“家园”成员，已在他们短短的人生路途上克服了许多困难。爱心事业虽任重道远，但我希望，也相信这是他们今天和明天都会紧握“爱心接力棒”，继续走下去的道路民。

在和学生的座谈会中，很高兴今年有多位学生用英语发言和唱歌。记得最开始到内蒙古(1999年，2000年)，没有学生能用英语和妈妈交谈，因此她决定加设英语奖学金。我母亲很重视学生的英语能力，一个原因是她的语言能力很强，除了能说标准的普通话、广东话、上海话外，她也懂英语、法语，在她的自传中就可以看到，但最重要的原因是她如果英文水平不高，当年亦不可能被派到英国进修两年，并把社区护理服务带到香港。我相信母亲如果知道学生们的英文能力已大大提高，她一定是很高兴的。

妈妈没生病前，经常收到学生的英文信，因她鼓励学生用英文写信，提高英文水平。现在她不能回信，我很愿意代妈妈回信。我的邮箱是：ptseng@tpg.com.au. 我欢迎同学们给我写，我会尽可能地给你们回信。

另有一值得高兴的事，是内蒙古医科大学的赵院长已同意替母亲出版她的自传。今年获得奖学金的学生已知道此事。我们希望年底以前能把妈妈的自传印刷出版，最新消息会通过《家园快讯》告诉大家。

在内蒙古有机会和学长李博文、杨美霞、包学长和梁永等谈“家园”之事，在北京也和为管理奖学金而累坏了的陈平叔叔，学长胡建华、李艳和丁然等谈到“家园”的去向。相信陈叔叔会在下期的《家园快讯》里，给新会员仔细介绍“家园”的背景和运作。在内蒙古的学生座谈会上，李博文和杨美霞学长也和同学们谈到作为“家园”的成员的经历和感受。我很高兴每次到内蒙古都会再见到这几位热心的“家园”成员，有他们，爱心接力就有希望。

最后，再次祝贺获得“白梅百花奖学金”的同学们。你们是一群懂事而勤奋的好孩子，未来是你们的，你们也是未来中国“爱心事业”的希望。

二哥郑伟平（唐妈妈二儿子）

香港

2012 年 9 月 21 日

（四）温暖的心

——写给“百花奖学金”创始人唐盛玫女士

和唐妈妈（这么多年我们一直随着学生这样称呼她）接触是因为唐妈妈在我们学校设立了“百花奖学金”，并一直坚持发放直到现在已有九个年头了。我 2006 年来到

▲ 2012 年 9 月唐妈妈在家

当时的内蒙古医学院参加工作后接手的第一批工作任务中就有“百花奖学金”的发放工作。经过六年的接触，可以说和唐妈妈及她的家人建立了深厚的感情。提起“百花奖学金”，要追溯到 2004 年，唐妈妈在内蒙古工业大学设立了几年的“白梅奖学金”后决定在我校设立一项专门给护理专业提供资助的奖学金即“百花奖学金”。后来随着获得奖学金人数的增加和对我们学校的了解，“百花奖学金”逐渐覆盖到各个专业的学生。到目前为止，我们学校已有 186 名学生得到共计 18.6 万元的奖学金，这是唐妈妈及家人对我校这样地处祖国边疆落后地区的医学生的无私帮助。这批学生中有很多已经毕业并取得了很好的工作成绩，有的还考上了博士。不管怎么样，学生都加入到“百花奖学金”受助学生共同的家园“白梅百花温馨家园”，大家在“家园”里互相帮助，共同成长，组成了一个很好的团体，一些同学更是做到了在有能力的时候将爱心传递下去，这是“百花奖学金”的一个特别之处，也是唐妈妈的初衷吧。

初见唐妈妈的印象，至今还十分清晰，2006 年，已是将近 80 岁高龄的唐妈妈来到内蒙古，来到我们学校为学生颁发“百花奖学金”。她精神矍铄，看起来并不像一个老人，她举止优雅，操着南方人特有的口音，但是普通话很标准，思维很有逻辑性，态度认真，和蔼可亲，当时给我留下了很深的印象。后来得知唐妈妈建立奖学金的基本情况和她本人的经历，我深受感动。每逢新年，我会给唐妈妈写上一封短信并寄去一张贺卡，这都是我怀着敬佩的心情在工作之外的自主行为。

2010 年，唐妈妈在内蒙古颁发完奖学金回到香港后不幸中风，至今还卧病在床。这是我们最不愿意听到的消息。唐妈妈的病情一直牵动着学校的相关老师和“白梅百花温馨家园”的每一个孩子的心。老师、学生们写信，发录音、视频希望对唐妈妈的病情有所帮助，有的学生还不远万里到香港看望病中的唐妈妈，这也让唐妈妈的家人很安慰。2011 年暑假，我去香港看到了病床上的唐妈妈，她还认识我，我知道这是因为她记挂着内蒙古医科大学的学生们。见到唐妈妈，我落泪了，真是感慨很多。原本睿智、活泼、风趣的老人，现在失去了行动、表达能力和正常人应有的简单的生活技能。我相信她老人家心里也一定很着急，希望能恢复健康，继续她的爱心事业，继续关心“家园”的孩子们。

目前，唐妈妈的病情已基本稳定。最难得的是唐妈妈的子女们，在唐妈妈生病的这两年里，仍然将“百花奖学金”，将唐妈妈的爱心事业继续下去。2011 年是郑大哥，2012 年是郑二哥来到内蒙古，为学生们颁发“百花奖学金”，与获奖学生座谈，了解每个学生的情况，他们都深受学生的欢迎。

目前，在内蒙古医科大学的校园里，学生们都知道学校有一个“百花奖学金”是可以和国家荣誉相比的，得到它，会无比荣耀，但也责任重大。学校也希望通过此书，把唐妈妈及家人的故事分享给所有的学生，把唐妈妈的爱心传承下去。我相信，唐妈妈及家人的爱心，会像一股沁人心脾的涓涓细流，永远滋润着内蒙古医科大学的学子们的心。

最后，我代表内蒙古医科大学的老师和学生们衷心地祝愿唐妈妈早日康复，唐妈妈的家人好人一生平安。

内蒙古医科大学学生处资助管理中心赵珍

2012 年 10 月 15 日

（五）传　承

亲爱的妈妈：

你好吗？今天早上，小儿子又像往日一样起床后蜷到我被窝里，暖暖的10分钟里，我梦到了你：我扶着你在中环走着，你说：“幸好有你在我身旁，不然中环那么多人，有碰撞就不好了。”我说：“唔使惊，唔使惊，四奶奶你大厅。”（原自港剧《花好月圆》的一句台词）我们哈哈地笑着……便梦醒来了。我相信，现在的你，也很好吧！

从你出事到现在，差不多两年了，发生了很多事，也让我学习到许多。第一，便是生命的无常。前一天的你跟后一天的你已经截然不同了。虽然很明白这个道理，不过真的发生在自己身上，感触更深。所以，总是提醒自己，对身边的人要好些，尽力地做好自己的本分。第二，便是孝义的感人。你知道吗？你的儿子们都很爱护你，大哥除了背负起整个“照顾妈妈工程”的责任，闲时要跟你说话此外还要工作，还要照顾爸爸弹钢琴给你听。不过有好消息，听说他交女朋友了，大家都非常为他高兴。而这位女朋友也很细心，买了雪糕月饼送给爸爸，让爸爸开心了好几天，现在的爸爸居然爱上了吃“雪糕”，你相信吗？大哥，今年当选了“太平绅士”，实在为我们郑家争光，你也一定引以为傲吧！至于二哥，他代表着你进行着一切“妈妈慈善工程”，还在帮你完成你之前没法实现的心愿：出版一本关于“你”的书，花了他很多的心血与时间，多伟大呀！而且他与嫂嫂也很照顾我们，有这样的儿子，实在是太幸运了。至于爸爸，真正的返老还童，变成了一个胖胖的顽童，有点我的大儿子安安童年时候的影子，他闲时在医院做义工送报纸，生活也很充实，而且脑子仍挺灵活的，你可以放心了。

以下是我为你的自传所写的文章，不知道你满意吗？

我有一个快乐的童年。我有三个哥哥，虽然我在家里年龄最小，不过其实我地位最高。如我老公说，情形就有如玩“斗兽棋”一样，大象是游戏中的大王，大象可以吃任何动物，唯独最小的老鼠，却是大象最害怕的，因为老鼠可以吃掉大象。在我的家里，这只大象便是我的爸爸，妈妈很怕爸爸。大家都很爱我。妈妈生了三个儿子后，便去看相，她说很希望有个女儿，看能有吗？相士却说相中无女，看不到的，妈妈很失望地走了。到后来真的有了我，相信你真的很开心吧。像妈妈一样，生了两个儿子后，我也一直很想有个女儿，不过，我老公说："让我们中了六合彩再说吧！"

如果要我回想起童年里跟妈妈最快乐的回忆，相信非"喝下午茶"莫属。我记得每个星期六学芭蕾舞，一到下午三点，妈妈会来接我回家，然后我们会在尖沙咀星光行美心餐厅喝下午茶。那时候的家庭并不富裕，可以喝下午茶便是一件大事，我记得我最喜欢叫"公司三明治"，也喜欢半碟的沙律与薯片，每次都吃得好开心。现在每逢星期五儿子放学后，我也会带他们去喝下午茶。大儿子最喜欢"烧猪扒饭"、小儿子最喜欢"吞拿鱼三明治"。看着他们津津有味满足的表情，我便欣慰了！我希望"喝下午茶"的传统，可以一直延续下去。

妈妈是一个充满幽默感的人，她让身边每一个人都感受到快乐。从她对我们家里每一个人的评语就可以看出。大哥是一个工作狂，仍然单身。我便说："你别管他吧，他是一个世上高人。"妈妈答："他不只是世上高人，简直是世上高僧。"二哥是一位牙医，最喜爱清洁及刷牙。然后她便告诉我："他整天都在刷牙，每次见到他都像吐白泡般（牙膏在口外），吓死人了！"至于我爸爸，很喜欢跟她吵架。有一次他们吵完架后，爸爸对妈妈说："你走开，我一秒钟都不想见到你。”然后妈妈便很从容地说：“当然一秒钟都不想见我，因为你一世都要见着我嘛！”这便是我的妈妈，有她在，笑声总是不绝。而我的朋友都说我像曾志伟一样喜欢搞笑，我说“曾志伟好核实呀，叫我曾至美就差不多。”

妈妈出事的前几天，她在电话里问我：“如果我将我的钱都捐给慈善事业，你会介意吗？”我回答她：“其实我总在想我可以为别人付出些什么？并不会想可以在别人身上得到什么。”她听到后便开心地笑了。其实我妈妈一生身体力行，就是传递着这种爱心给我，这就所谓爱的教育。

我没有能力成立慈善基金，不过我可以成为小小慈善家。上星期六，儿子去了 CN Tower 百万梯级行，有个邻家小女孩来筹钱去非洲游学，说可以帮我扫树叶获得捐款，我说：“好！”星期一去超市买菜，看见一个小女孩静静地站在超市门前为学校募捐，我马上买了两张票……我们每一个人，都可以是一个小小慈善家，传承着妈妈的爱。

妈妈，祝你在你的世界里仍然喜乐！

郑丹（唐妈妈之女，写于加拿大）

2012 年 10 月 27 日

（六）平凡的人不平凡的事

在跟唐妈妈的接触中，我从她身上学到了许多东西。她的朋友遍天下，不管男女老少，她都能跟他们沟通。正因为她是我婆婆，又是北方人，所以她跟我很投缘，像亲妈妈一样。

我妈妈正如每个人在文章里写的那样，她是一个普通的、平凡的人，但她所做的事却是不平凡并且伟大的。

我妈妈不但如此，她还是一个很活泼、幽默，有文化、有修养的人。我们就从她写的文章中可看出，她写的汉字是多么漂亮，多么有功底。更让人羡慕的是，妈妈会说一口流利的英语、国语、广东话、上海话。从陈平叔叔的文章中才得知她还学过法语呢，真了不起！

妈妈来过澳洲几次，我们每年都回香港探亲，也住在家里。只看见妈妈每天忙忙碌碌的，一早起来去打太极拳，然后为她的孩子们（学生）准备一年一次的奖学金活动。看到报纸上对他们有益的资料或对他们有帮助的报道，都一一剪下来寄给他们，有时还写信鼓励他们。她也会给伟平寄些牙医学术方面的新闻报道。从这点看，可想而知，她自始至终对她的孩子在各方面的教育、培养是多么重视。所以，伟平会弹钢琴，拉小提琴，喜欢各种体育运动。她经常开玩笑地对我说："我交给你的丈夫是正品，可不是次品喔……"的确如此，好幽默啊！

记得妈妈来悉尼时，每天行程十分紧凑。去看她的老朋友，给他们送礼物。听说其中有几个以前家境不太好，她曾经帮助过他们。妈妈总是不分贫富，只要有需要帮助的人，她都会伸出援助之手，所以，她的朋友很多。

妈妈在她每天的忙碌中，还有一项重要的工作就是帮助孩子们筹集冬天的衣服。因为内蒙古的冬季很冷，有的学生为了交学费、养家，舍不得买保暖的衣服。妈妈经常拿着大包小包到深圳的邮局给孩子们寄东西，实在令人感动。

看到妈妈年轻时的照片是那么漂亮，虽然她现在已上了年纪，但仍然带着年轻时美貌的气质。她喜欢唱歌、跳舞，还会画画。不管是电视里、收音机里或是卡拉OK厅（有时在家里玩），只要她会唱的，她都会自然而然地跟着唱起来，会唱的歌还真不少呢！

有一次，我们带她去悉尼歌剧院看世界名剧《卡门》，嘿！妈妈也不约而同地跟着哼起来，当前排的人回头看她时，她才意识到在这种场合不应出声的。真是太可爱了！至于跳舞，更不了得，什么华尔兹、恰恰、伦巴……没她不会的，连她所有的孩子跳得都不如她。她跳起来有板有眼、有滋有味，完全沉醉到她年轻貌美的时代里去了……

她送伟平的生日卡中，画了一个我，也画了一个她，还挺像的。她很喜欢吃我做的菜，最喜欢我做的素炒南瓜。

有一次，我要到深圳办事，妈妈让我把我们捐给学生的钱存在她的人民币账户中，这个银行账户也许就是她给孩子们奖学金的集资账户。出乎我意料的是，她把银行账户的密码也交给了我。她对我的绝对信任，使我感到欣慰。

现在，我们每周都会打电话到香港了解妈妈的病情，通过电话跟她交流感情。她虽然不能在电话中跟我们对话，但她能听到我们的声音。护士告诉我们，每次她听到我们的声音，都会把眼睛睁得大大的，聚精会神地听我们讲话。就这一点，我们已满足了。最近，听说妈妈会开口说话了，我们非常高兴，非常激动，看来，她是有希望康复的。在此之前，她已会写我的名字，把我感动得……但总是时好时坏，不稳定。目前，我们仍在想一切办法，找资料，搜寻新科技、新药品等更好的办法可使妈妈的病情有好转，哪怕是一点点的好转和进步，我们全家都会为她高兴、欢呼、雀跃……

最后，我只有一个愿望，但愿妈妈总有一天会讲出话来，会向全体孩子们，向所有的亲朋好友们，向全世界的人们喊出来：“我爱你！”

妈妈，是的，我们每个人也永远爱着您！

唐妈妈二媳妇　郝黎（Alicia）

写于悉尼

2012 年 11 月

三、2013年

龙的传人

在2013年内蒙和承德颁奖礼的最后一晚，我和太太与50多名承德学生在宾馆一起进晚餐。适逢中秋假期，虽学生多是远方而来，但因假期太短都没有回家。我们一起庆祝佳节吃月饼，度过一个愉快而难忘的中秋。

餐后学生都献上歌曲给我妈妈（我用手机录音），我妈妈每次和学生联欢后都希望学生唱唱歌，一是她喜欢唱歌，二是希望学生能放松，制造欢乐轻松的气氛。

首先，有一组女孩子自动献上“Sound Of Music ”，这是我妈妈很喜欢的歌曲。我们兄弟很小时，她常常在家唱给我们听。她2010年底病倒昏迷时，我们在她床边一直不停地播放这首歌曲。对我家来说，这曲有特别的意义，这也是我小时候看了这电影后一直会哼的歌曲。2011年5月到维也纳参加学术会议期间，也特地去这部电影制作的地方SALZBURG一日游。那里的湖光山色实在比电影还要迷人。

当晚有一女生挑了“龙的传人”这首歌。我有些惊喜，一因我还没有听过“龙的传人”的女声版本；二是这曲对我来说太有意思了。我记得第一次听到这首歌，是我1983年在悉尼大学的最后一年，一个“中国留学生会”主办的音乐晚会上听到的。我当年也有参加表演，是小提琴演奏《渔舟唱晚》，一位女学生王婉雪钢琴伴奏。当晚所听到的《龙的传人》，演唱者是一位高大的男生，他穿着蓝色的传统中式长袍，一条长白围巾，打扮如“五四运动”的学生领袖，有一种朴素、优雅而坚强的形象。他歌声稳重，没有花哨，但歌词句句打进心里，至今30年后还印象难忘。

当年表演的还有四个中国留学生，他们是学音乐专业的（弦乐四重奏），在纽卡素大学（NEWCASTLE）音乐学院进修。记得当晚他们亦有演奏《渔舟唱晚》，他们都是以音乐为职业，我非常业余的水平，当然和他们无法比了。

约80年代初期，文革结束后，我仍在悉尼大学留学期间，大概是 1981 或 1982 年，同时见到有三四位从中国来的留学生，他们都年纪较大，是进修硕士或研究生，都是搞科技的；三十年后，在澳洲的中国留学生估计已超过十万。中国亦已从文革后社会彻底遭破坏，一穷二白的“烂摊子”到现在已是实实在在“超英赶美”的超级大国。回想当年邓小平接手掌舵中国经济改革时，可能他也没有想到，只三十年光景，他推行的改革，彻底改变了当年十亿中国人的命运。

改革后三十年，中国人在科技各领域人才辈出，中国人的平均智力是否比别的民族高，这是有争议性的问题，但中国人（起码上一代）的勤奋、刻苦和父母注重下一代的教育，这是大家都公认的。

海外华人在科技上的成就，远的不说，和我妈妈曾是南洋模范中学同学的高锟教授即是 2009 年诺贝尔物理学奖得主。我曾在香港就读的“培正中学”，1998 年亦出过一位诺贝尔物理学奖得主，即现居美国的崔琦教授。他的背景和我们很多得奖的孩子有些相似。他家在河南，父母都务农，后移居香港、美国。随着个人不断努力，在物理学“量子力学”的研究取得世界级的成就。其他华人近年在文学领域也先后有高行健和莫言得到诺贝尔奖。至于艺术界（世界级演奏家如朗朗、李云迪、王健、王羽佳）和体育界人才不断涌现。这批在各领域的世界级顶尖人物，不论他们的天资如何聪敏和优越，如若他们没有长期不断磨练和奋斗，也不可能有卓越的成就。

今天得到奖学金的学生，希望也能传承这“龙的传人”的精神，做到自己最好，为自己、家人、学校和中国人争光，这也是我妈妈的希望。

今年的颁奖礼上，我有提到妈妈对孩子的愿望，其中一个就是不要忘记自己是中国人。写到这里，“巨龙脚底下我成长，长成以后是龙的传人，……永永远远是龙的传人”，这扣人心弦的歌词一直在耳边回响。

承德的聚会在大家欢唱《月亮代表我的心》而结束，这晚承德的月亮特别大而圆。承德离北京200多公里，一般污染较少，天总是蓝蓝的。

相对比较，在内蒙学生聚会晚餐就含蓄多了。一因为晚餐就在一饭店大堂，还有不少别的客人在吃饭。二那天不是中秋而学生第二天要上学。虽然如此，也有不少同学高歌，其中两位蒙族学生合唱了蒙语民歌。更有一位同学唱歌前，发言谈到他的经历和他看了纪录片《尼克·胡哲》（Nick Vujicic）的感想。

颁奖礼前一星期，我在柬埔寨国际大学教学一周，我太太在香港等待我，她用空闲的时间收拾我妈三年来未有别人碰的一大堆给学生和老师的礼物和资料。当时我太太翻到一张光碟，是描述一位澳洲年轻无肢体人胡哲的纪录片，我猜测这一定是我妈要给同学看的。我 2013 年 8 月到越南讲学时，和太太在街上逛，无意中走进了一个展厅，是展览胡哲在越南各地演讲会的很多照片。我和太太都拍了不少照片，心想以后有机会把他的传奇介绍给学生，想不到妈妈在家已有了他的光碟。

胡哲生下便四肢全无，但他天生乐观，凭不可思议的意志，克服了无数难关。除了能用身体做到很多正常人做的事外（打电话、用电脑），亦能做到不少一般人也不一定做得到的事，他热爱运动，会游泳、足球、骑马，打板球、滑板，打高尔夫、钓鱼。在学校里是学生领袖，口才非常好，经常到各学校和年轻人讨论各种问题，从不为难题吓倒，永远是积极和乐观的心态。他觉得自己和普通人没什么不一样，“就是缺少了一些零件”。他无自卑、自怜的心态，一直用自己成功克服各种障碍的实例，去鼓励别人挑战自己。

他已到过不少国家演讲，和年轻人、学生、残疾人分享自己的经历，和克服身体残障的经验，他在越南极受欢迎。我想，一是30年前的美越战争后，留下一大批伤残的军人和平民。二是越战时美军曾在游击队出没处用军机喷下大量“落叶剂”（Defoliant）。这种毒素（Dioxin）不但在越南留下极大的后遗症，当年有接触这种药的美军，下一代亦有些婴孩肢体不全。在越南中部某些山区，这种毒素已深入地下水和泥土。我2005年到胡志明市口腔医院讲学时，虽已是战后30年，但在医院仍看到一些肢体不全或扭曲，以及脸上长着奇形怪状肿瘤的小孩求医，叫人心酸。

这次在内蒙及承德与学生的座谈会上，都首次放映了这纪录片。希望学生看到一个四肢全无的残疾人，如何克服困难，希望给家境有困难的学生心灵上的激励。

在内蒙和学生聚餐时，第一位主动发言和唱歌的男孩子，他额头和面颊上有大块紫红的胎记。他虽五官端正，但他说一直都有些自卑，苦恼为何自己脸上有这种隐藏不了的大记号。但他说看了胡哲的纪录片后，真的觉得自己脸上的记号算不了什么。 他还半开玩笑说，有这记号也有好处，因为别人只要看了他一眼便会记得他。我妈以前和学生亦曾讲过“半杯水的哲学”。一个只有一条腿的人，当想到他还有一条腿，比起两条腿都没有的人是幸运的。

后来在北京和家园的孩子一起用餐时，有人提出一个问题：胡哲是否内心真的很高兴呢？一个无手脚的人，被人视为“怪人、外星人、畸形人”，心里真的好受吗？我回答说，胡哲不理会别人的嘲笑，他认为自己是special，和别人不一样。而我相信他的高兴亦是发自内心的，因为他以自己一生走过的路为例子，不知感动和激励了多少学生、年轻人和残疾人，改变了多少人的人生观，这是了不起的成就。世上没有多少人，可以把自己的一生作为实例去帮助和鼓励无数人，让他们看到希望。

去年在内蒙得奖的学生，一位是从小已失去了父母，和妹妹相依长大的孩子；另一位是母亲车祸引起伤亡，家里要借债而几乎要停学的女孩，今年碰到这女孩，脸上常带笑容，主动过来和我打招呼，她积极乐观，勇于面对困难。

今年在承德亦有两位孩子的背景和去年内蒙这两个孩子背景很相似。一个女孩是孤儿，但说话稳重成熟、有自信，自己环境不好也从不埋怨；另一孩子也是父亲因车祸欠下大笔债，家里经济很紧张。

其他得到奖学金的孩子，很多是家里务农，收入有限。不少是父母或家人有病，欠下大笔医药费，家庭难负担孩子上大学的学费和生活费。这些孩子的家人每年都要为孩子的学费发愁，或要到处向亲友张罗。

看了胡哲的纪录片，真的希望孩子们都明白时尚有不少人比他们更不幸，但路是人走出来的。纪录片最重要的启发，是“WHERE THERE IS A WILL, THERE IS A WAY”。我问同学这如何翻译成中文，意外地，他们同声说道：“有志者，事竟成！”但愿这纪录片能勉励同学，不向逆境低头，找到自己的潜力，不断把自己的能力提升，把学习和工作都做到最好。

郑伟平

▲ 2013 承德医学院百花奖学金颁奖仪式

▲ 2013 内蒙古工大颁奖仪式

▲ 2013 内蒙古医学院颁奖仪式

四、2014年

2014年9月23日在医科大学百花奖学金颁奖仪式后，郑伟平先生、郝黎女士在金仕顿大酒店接受了内蒙古医大宣传部的采访。

郑伟平先生讲述了唐妈妈办百花奖学金的原因，那个时候的呼和浩特比较落后，车很少，很多学生念书有困难，所以唐妈妈决定办这个奖学金，百花奖学金2004年在内医大开始，他在1999年第一次来到内蒙古陪唐妈妈参加白梅奖学金的颁奖仪式；今年他又来到呼和浩特，发现与十几年前相比发生了翻天覆地的变化，城市进步了太多，有钱的人也越来越多，但是他觉得在边远地区特别是农村的孩子念大学还是很困难的，所以，郑伟平先生觉得唐妈妈生病后这个奖学金还是要继续办下去。

郑伟平夫妇还表达了唐妈妈对这些受助学生的关心与

惦念。郝黎女士描述到唐妈妈在中风之前总是用特别亲切的口吻“这些孩子们”来称呼受助的学生，在唐妈妈心里一直惦念着这些孩子们，每次他们来内蒙之前唐妈妈都兴奋的睁着眼睛一夜都不睡觉，郝黎女士在给唐妈妈整理行李的时候发现她在生病之前曾给孩子们准备了很多礼物，真的很让人感动。

最后，郝黎女士对学校为唐妈妈出版《闪亮的心》表示感谢，孩子们看完很触动，他们已经把这本书发给周围的朋友，认为唐妈妈很伟大，用自己的爱心为祖国和社会做出贡献。

▶ 2014 内蒙医人访问

▲ 2014 内蒙医学院得奖学生

▲ 2014 颁奖礼王院长颁发证书

▲ 2014 承德护理学院颁奖

▲ 2014 和承德护理学院得奖学生合照

▲ 2014 年 12 月在康复院做运动

▲ 2014 在北京百花家园的兄弟姐妹与郑伟平、郝黎聚会

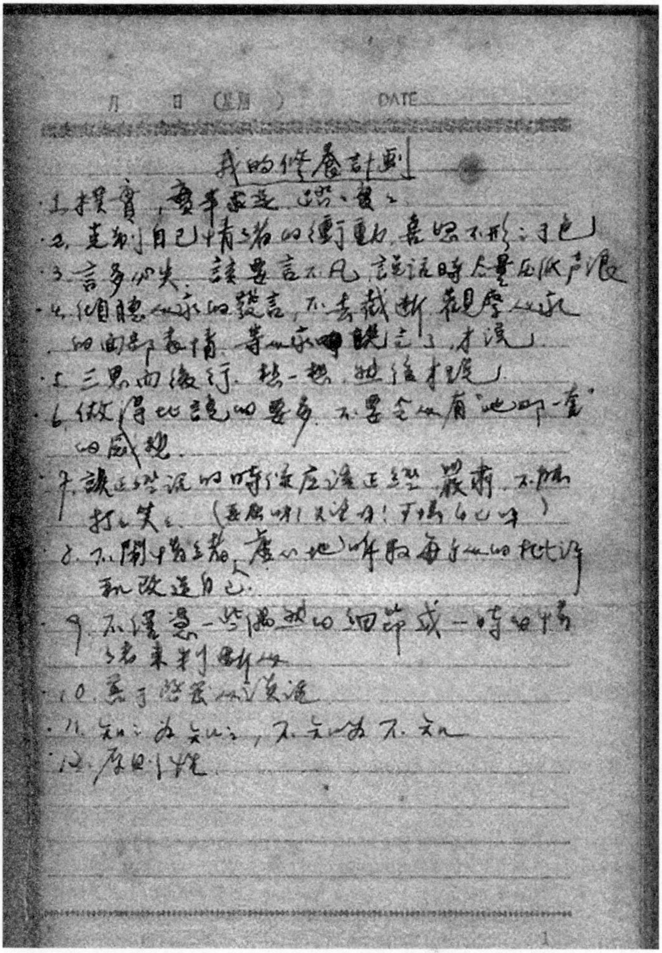

▲ 唐妈妈的修养计划，作于 1950 年代

附录

一、唁电

郑汉光先生及家人：

惊悉唐盛玫女士于5月25日逝世，我和学校师生深感悲痛！

唐盛玫女士深受我校师生尊敬与爱戴。在她的捐助和募集下，1998年在我校设立了“白梅奖学金”、建立了“景周电子阅览室”。“白梅奖学金”用于奖励家境贫寒且品学兼优的学生，“景周电子阅览室”的投入使用推进了我校现代化图书馆的建设。十八年的身体力行，十八年的坚持不懈，十八年的真挚情感，十八年的影响与感动，彰显着唐女士淡泊名利、仁爱善良、坚韧执着的高尚品格，至善、至美、至真的人性光辉。唐盛玫女士的大爱善举为内蒙古工业大学留下了一份宝贵的精神财富，所有获奖的学生不忘她的教诲，甘于奉献自己、回馈社会，广大师生会学习她“闪亮的心、大爱无痕”的精神。

唐盛玫女士留下了一世的美名和永恒的生命！

我本人并代表全体师生沉痛悼念唐盛玫女士！向其亲属表示亲切慰问！

唐盛玫女士千古！

内蒙古工业大学

校长 邢永明

二〇一五年五月二十六日

郑伟平先生：

今晨我们悲痛的获悉，深受我校师生爱戴的百花奖学金设立人唐盛玫女士于2015年5月25日6时15分逝世。唐盛玫女士心系祖国教育事业发展，关心家庭经济困难大学生成长，2004年在我校设立百花奖学金，截至2014年底资助我校225名大学生，合计人民币25万元。唐盛玫女士逝世噩耗传来，我校师生倍感痛惜。特发此电向您，并通过您转达对其他家属表示慰问。

唐盛玫女士永垂不朽！

承德医学院

二〇一五年五月二十五日

唐盛玫女士治丧办转其亲属：

惊悉唐盛玫女士不幸逝世，我院师生万分悲恸。谨向唐盛玫女士表示沉痛哀悼，并向其亲属表示亲切慰问，肯请宽辟哀情，节哀释念。唐盛玫一生为护理事业奋斗不息，晚年亲自创立“白梅百花奖学金”，大爱资助杏林学子，堪称世人楷模。我们一定化悲痛为力量，努力做好各项工作，为祖国培养更多合格医护人才，告慰唐盛玫女士宏愿。

唐女士千古!

承德护理职业学院

二〇一五年五月二十六日

尊敬的唐盛玫女士家人：

惊悉唐盛玫女士仙逝，甚为哀痛!

唐妈妈一生精勤不倦，奋斗不息。晚年心系祖国边疆少数民族地区的教育事业，诚为我校师生永远之楷模。自2004年在我校设立“百花奖学金”以来，现已资助247名学生，在这11年里，唐妈妈和我校师生建立了深厚的感情，受到了全体师生的尊敬和爱戴，也为我校育人成才助力推澜。上善若水，大爱无疆，唐妈妈已达人生之至高境界！我们相信，唐妈妈及其家人的爱心会像沁心细流，永远滋润着内蒙古医科大学的学子。

人虽逝而精神不朽。祝唐妈妈一路走好！

“死者已安息，生者长依依”，务请唐妈妈的家人及亲朋好友节哀顺变！好人一生平安！

内蒙古医科大学

二〇一五年五月二十八日

深切悼念唐盛玫女士

2015 年 5 月 25 日是一个令人难忘、难过的日子，怀着大爱之心、数十年来呕心沥血、节衣缩食资助品学兼优莘莘学子们的唐盛玫女士离开了尘世。今天，我代表陈平先生前来祭奠唐女士。

陈平先生和唐盛玫女士同为上海世界学校校友，听陈先生讲她从小就是一位温柔、典雅、聪敏、好学的女孩子。护士的职业更使她发挥了助人为乐的天性，晚年，用自己的退休金资助困难学生，帮助他们实现人生的梦想让她成为孩子们崇敬的唐妈妈。10 年前，陈平先生受邀协助她给孩子们建立了“家园”，让孩子们有了一个心灵的港湾。在陈平先生为家园工作的同时，也能使我更加深刻的认识了唐盛玫的圣洁和崇高。

陈平先生一个月前因病离世，我们还没有从那场打击中恢复，唐妈妈也去了天国，一个月之内两位令人尊敬的老人相继去世，对家园的孩子们是一个重大的打击，但是我们相信他们会继续关注和关爱孩子们，希望他们继续努力，成为社会栋梁。

唐盛玫女士千古！

丁小燕

二〇一五年六月五日

二、悼念唐妈妈

赵书云

2015年5月25日，敬爱的唐妈妈与世长辞的消息传来，悲痛难抑，涕泪横流，回忆妈妈捐资助学的感人事迹，回味与唐妈妈在一起的感人情景，思念无限，感动无限，感激无限，做此诗以表达对唐妈妈深深的悼念和祭奠之情。

敬爱的唐妈妈永垂不朽!

妈妈仙逝，驾鹤西去。
悲痛欲绝，追思不息。

诞生名门，相貌俊丽。
年少勤奋，品学第一。

聪慧敏锐，才华横溢。
慎言笃行，胸怀大义。

方向责任，牢记心里。
漂洋过海，不忘故里。

花甲之年，白梅建立。
捐资助困，大爱激励。

千里迢迢，远赴北地。
心系学子，爱洒校区。

德高望重，事迹传奇。
承医师生，跪拜哀泣。

边塞山川，永存浩气。
呜呼哀哉，长歌当涕。

承德医学院　赵书云

三、悼唐妈妈

李 艳*

尊敬的各位亲友、来宾：

我是李艳，是唐妈妈白梅百花奖学金家园的女儿，我代表家园一千多位兄弟姐妹们，怀着万分沉重、悲痛的心情，深切悼念我们最敬爱的唐妈妈，感恩她为我们奉献的慈母般无私的爱，并送上我们对唐妈妈深深的思念和祝福。

我们家园的兄弟姐妹们都是很幸运、很有福气的孩子，在我们人生低谷的时候，老天恩赐，我们得到了唐妈妈颁发的白梅百花奖学金，更得到了她母亲般的爱，这份爱的雨露恩泽，一直鼓励脆弱的我们变得不断强大！

我们永远都忘不了唐妈妈在我们饥寒交迫时，寄来

* 李艳，就职于中国科学院微电子研究所。

温暖的毛衫、围巾、衣服；永远忘不了在我们低落、迷茫时，唐妈妈千里迢迢寄来的充满母爱的一封封亲笔信、一张张贺卡、一件件可爱的礼物；忘不了年迈的她定期寄来的英语学习资料和专业剪报资料；更忘不了每年亲爱的老妈妈从香港到内地颁奖，风尘仆仆的身影，却依然慈母般可爱的笑脸……

正是这份厚厚的、浓浓的母爱，让我们这些出生贫寒的孩子在贫困、自卑、迷茫、缺少关爱的岁月长河中，感受到被爱、被温暖、被感动、被鼓舞，变得更坚强、更自信地去面对生活！让我们有勇气去改变可以改变的，除旧革新，变成更好的自己！

唐妈妈有一个梦，一个蝴蝶梦，希望我们这些儿女化茧成蝶，她就可以通过我们头上的小触角清楚地知道我们，及时给我们所需的爱、力量、勇气……现在唐妈妈的这个蝴蝶梦已经编织出一千多只五彩斑斓的蝴蝶，遍布祖国大地，未来在唐妈妈爱和光芒的护佑下，还会有更多、更美的蝴蝶，实现更绚丽多彩的蝴蝶梦！

最后，用唐妈妈好朋友郭蕴宜女士作的诗，祝福我们的好妈妈在天国充满福佑、喜乐、安详！祝白梅永存、恩泽永世！

如梦令（咏梅）

郭蕴宜

满园落花春去

无情逝水东流

助学谱新章

凝聚精英无数

赞助　赞助

白梅家园永驻

我代表白梅百花家园的兄弟姐妹们，深深为我们敬爱的好妈妈鞠躬！

道一声：谢谢您唐妈妈！

二〇一五年六月五日

女儿：李艳

四、郑唐盛玫姊妹的『信仰心路历程』

何约翰*

唐盛玫姊妹（众人的唐妈妈）已于公历二零一五年五月廿五日息劳归主，并于六月五日假世界殡仪馆举行安息礼拜。肉体归回尘土，灵魂归于上帝。

据悉唐姊妹年幼时，已有机会接触基督教信仰。高中一在上海曾入读天主教震旦女校，后来升读基督教开办的沪江大学生物系。她年轻时曾参加歌咏班。一九四九年辗转来港，借着信奉基督信仰的表姑姐和表姑丈介绍，入读香港护士学校。

唐姊妹在二十世纪六十年代香港的小学教科书内，已有图片印证她当时代表“医务卫生署”的医疗队，到香港各乡村帮助村民接种牛痘，并向他们推广医疗卫生常识，

---

* 何约翰，香港置富花园基督教浸信会牧师。

是香港早期的“社康护士”。在其著作《闪亮的心》一书中，更记载她如何扶助一位居于西贡的痳风病男子，前往诊所接受治疗。

在她所写的一篇《use me》的生活花絮中，更充分地表现出对人的爱心。她这样写：“每个人可以用不同的途径来为主所用……最基本的：就是要有心，有爱心对不同的人……”

二十世纪八十年代中旬，唐姊妹退休，移民加国。六十多岁仍努力学习针灸。在多伦多家中地库，开办小型针灸诊所。期间认真关心病人，更鼓励他们：“不要胡思乱想，多祈祷，把一切交给上帝，凡事相信，凡事盼望。”

几年后，唐姊妹回流香港在湾仔开办针灸诊所，以低廉的诊金帮助病人。她从小区护士服务、针灸诊所，到创立“白梅奖学金”，帮助国内贫困学生，都充分显出她的抱负：“为人服务”；更彰显基督的大爱，去怜悯有需要的人。在二零零八年一篇文章《梦》中，她说：“我的目标是每个小毛虫都能变……蜕变成内外皆美的蝴蝶……我们的内在美包括仁爱、喜乐、和平、忍耐、恩慈、良善、信实、温柔和节制（圣经加拉太书五 22—23）[1]。”

二零一零年唐姊妹中风留医，苏醒后转往家中附近的置富浸信教会聚会，不忘敬拜上帝，而且很留心聆听诗歌，投入敬拜上帝。

唐姊妹的一生，让我们明白："生命不在乎长短，只在乎活出主耶稣基督的生命见证。"

唐姊妹实在是一位蒙福蒙恩的姊妹。她已得着主耶稣基督的应许：(一) 得着永生（圣经约翰福音三 16）[2]；(二) 得着荣耀身体（圣经腓立比书三 20—21）[3]；得着永恒的居所（圣经约翰福音十四 1—3，27）[4]。

我们相信主耶稣基督的众兄姊，将来在天家也可与唐姊妹永远相聚，享受天国的福乐。

---

1 圣经加拉太书五 22—23：圣灵所结的果子、就是仁爱、喜乐、和平、忍耐、恩慈、良善、信实、节制，这样的事，没有律法禁止。

2 圣经约翰福音三 16：神爱世人，甚至将他的独生子赐给他们，叫一切信他的，不至灭亡，反得永生。

3 圣经腓立比书三 20—21：我们却是天上的国民，并且等候救主，就是主耶稣基督，从天上降临。他要按着那能叫万有归服自己的大能，将我们这卑贱的身体改变形状，和他自己荣耀的身体相似。

4 圣经约翰福音十四 1—3，27：你们心里不要忧愁，你们信　神，也当信我。在我父的家里，有许多住处，若是没有，我就早已告诉你们了。我去原是为你们预备地方去。我若去为你们预备了地方，就必再来接你们到我那里去，我在那里，叫你们也在那里……我留下平安给你们，我将我的平安赐给你们。我所赐的，不像世人所赐的，你们心里不要忧愁，也不要胆怯。

后记

在编这本书的第二辑的时候，再次读到一大群学生在她病后写来的慰问信，我的眼睛又一次湿了。

记得在我妈生病昏迷的时候，在陈平先生与学生之间的慰问信件中，我读了一两封，便无法再继续读下去，因为我的眼睛已模糊，根本看不清。在那一瞬间，忽然感到死神已向我妈招手，我妈的生命好像在我们眼中就要慢慢地消失了；同时感到震惊的是一大群在千里迢迢的边远地区的孩子们竟然对我妈妈有这么真实的感情，这么深怀敬重。

我明白这一大群唐妈妈的孩子对我妈的敬爱是发自内心的，我有幸从 1999 年一直到妈妈生病前，能陪她到内蒙古工业大学和内蒙古医科大学参加奖学金颁奖典礼四次，每一次都能深深感受到学生对她的感激和她对学生的关心、爱护和鼓励。

记得1999年第一次到内蒙古工业大学颁奖时，得奖的十多个学生和几位老师在会议室会见我妈妈，我妈亦要求学生自我介绍和讲一下他们的学校生活和未来愿望。

在1999年，我印象中的内蒙古工业大学的新校园刚建成，但由于经费原因，很多房间都只有一个空壳，电脑室也因经费不足没有开设，那一年得到奖学金的学生和妈妈的座谈会就在一个较黑暗的会议室进行的，我当时将座谈会录了像，但由于光线太暗，录像都看不清学生的样子。

印象很深的是有一位叫杨美霞的女孩，样子很淳朴，在她介绍自己时，边说话边哭，从没有想到在她的家境有困难，面对要停学找工作照顾家庭的时候，却有一位从远方而来的老太太，伸出援助之手。在十多年前，得到奖学金的孩子家境都不好，不是爸妈生病，便是家里兄弟姊妹众多。学生中有不少是农村的孩子，若年逢旱涝，家中经济来源更无保障，我记忆中那个年代的大学学费大约要1000元人民币左右，而学生家中的收入有的一个月才三四百元，因此，如果有1000元的奖学金，对于他们来说的确是一个很大的帮助。

再说这淳朴的女孩杨美霞，后来在内蒙古工业大学毕业后，很快便找到一份会计师的职业，后来结婚生子，每年我妈到内蒙古，她一定带着孩子和先生抽空来探望我妈的，并一直在奖学金得益的学生们成立的“白梅百花家园”帮助管理财政。

每次我和妈妈到内蒙古和承德，毕业的学生都必定邀请妈妈吃饭联欢，席间总是有同学主动献歌，很多时候我妈和他们一起唱歌。散会前，我妈总是送礼物给刚结婚的、毕业了的学生，或给他们的孩子。每晚回到酒店房间后，也经常有已毕业的学生带着家人来和我妈见面畅谈。虽然我妈经过一整天的活动，都很累了，但她也十分高兴看到这群往日的学生，都已长大成人，走上创业的道路。有的已成家立室，生儿育女。我妈生病前，每当提到她的一大群儿女时，她总是很兴奋，我相信在她创办奖学金之初也从来没有想过，有一天自己真的成为这一大群孩子的唐妈妈。

在最后一次陪我妈妈北上时，因为我有别的事情要在北京办，不能一直陪她。想不到从内蒙古毕业后在北京做研究工作的李艳，请了几天假搬到我妈住的酒店里照顾她。我妈在医院昏迷时，曾从北京专程到香港探望我妈和在病房陪她过夜的就是这位李艳同学。

我妈对学生们的帮助，也感动了不少老师，她和很多老师的关系也很好。除了带给他们小礼物外，也关心他们的子女教育，或提供国外留学的资料。她对学生教育的关心和投入，得到很多老师的敬重。内蒙古工业大学前学生处的赵明春老师是初期帮助我妈设立奖学金的负责人，他写的一篇文章，是他从一个奖学金创办过程的角度写的，相当中肯。另外，有承德诗人美誉的赵书云老师，每次我妈到访承德医学院时，她都即席赠诗于我妈妈，从诗中可以很明显地感到我妈在她心目中的地位是多么崇高。

有人说过，我妈真是伟大的母亲。在我小时候，我从来没觉得母亲是如何伟大，我和兄弟妹小时候，妈妈全力工作，家中有外婆和保姆照顾我们。虽然假日爸妈都经常带我们到公园和海滩，但我没有感觉我妈和别人的妈妈不一样。但在她退休后，60 高龄时仍然还去学习针灸，并全心投入奖学金的设立，由此使我不得不佩服她的毅力和干劲。

有人不理解，她应是幸福安度晚年的时候，何必自找麻烦，光办奖学金捐钱便够了，还跑大老远，要亲自把奖学金送到学生手中，究竟是为了什么呢？

▲ 2012 年 9 月唐妈妈在香港维多利亚港

我自己在香港中学时学校也有不少社会名人捐出奖学金，但从来没有见过谁来学校亲自和学生交谈，鼓励和关心他们。内蒙古是边远地区，一般人捐奖学金都是给北大、清华这些名校，我妈则认为我们应“雪中送炭”，不需要“锦上添花”。

也许一些人觉得我妈不需要每年都北上，其中一个原因是我妈希望奖学金能全数亲自交到学生手中，开始时我妈是不放心内地的办事效率和程序的，但过了两三年后，渐渐地和学生老师有了交情后，她便很愿意每年都北上探望大家。

我妈从不重视宣扬奖学金之事。为这事我曾多次和她讨论。因为我觉得她一个人的力量有限，若可能的话，已毕业的学生可以搞慈善晚会和舞会之类的活动，一方面可以增加捐助学生的款项，另一方面将会有更多各界人士或商业机构认同这一奖学金或给予支持，将来的经费便不会有困难，并会有更多的学生受益。

但她一直不同意我的建议，认为自己能做多少便尽力做，若把奖学金之事公开或在媒体宣扬，别人便可能怀疑她办奖学金的目的，是为了自己扬名出风头，她真正的目的是帮助贫困学生，所以一直十分低调。

我妈办奖学金，不但要亲自把钱送到学生手上，而且一直关心他们的生活和学业，她的行动不仅是形式上的捐款，而更是在各方面都十分重视每个学生的成长。因为如此，她才每年都北上好几次，每次回港后都极度疲劳，毕竟她已是80岁的高龄老人了。

这使我想到前英国首相铁娘子撒切尔夫人曾说过的一句话，她在任时，工会大罢工，但她不让步，很多人都劝她不应这样做，因会失去很多选票。她说："I do it because it is right."意思是：我要如此做，因为这是对的。

有一件在我妈生病前发生之事，相信很多人不知道，在我妈中风前几天她刚从内蒙古回来，本来已经很累了，过了几天，她亲自一人走上大厦的六楼（香港旧式楼里很多无电梯）探望一位90岁的长辈。因为那位长辈身体不太好，已不能外出。我们虽然不可以说妈妈走上六楼和数天后中风的事有任何关系，但我妈就是一个"老吾老以及人之老，幼吾幼以及人之幼"的长者。她这把年纪，仍然身体力行这种国人传统的美德。她只问耕耘，不问收获的心态，实在令后辈佩服。

书名《大爱无痕》，取自我太太的妹夫赵二湖先生（著名文学家赵树理之子）所作的序言。我觉得此题形容我妈妈丰富的人生是最贴切不过。

书中有几篇特殊的文章，如妈妈好友郭蕴宜女士的《往事的追忆》，在她细致的笔触下，妈妈少女时代的形象和开朗的性格活灵活现地跳了出来，非常感谢她。也感谢武老师所写内蒙古工大图书馆的文章，详述了妈妈如何支助“电子阅览室”的建立。

封面“大爱无痕”四个字，是旅居澳洲的国际书法大师和诗人梁小萍的创作，很感激梁女士的书法艺术，为书面增添不少色彩。

编者　郑伟平

读者如希望加深了解“白梅百花奖学金”在四所大学的运作情况，或有意在经济上支持家境有困难的大学生，请参考以下四所大学的网页：

内蒙古工业大学　http://www.imut.edu.cn

内蒙古医科大学　http://www.immc.edu.cn

承德医科大学　http://www.cdmc.edu.cn

承德护理职业学院　http://www.cdwx.cn